남자를 이긴 여자들

남자를 이긴 여자들

이언경 지음

스노우폭스북스
snowfoxbooks

중학교 때 선생님이 갑자기 미래의 집을 그려보라고 하셨다. 나는 그 당시 취재 현장을 누비는 저널리스트가 되고 싶었다. 내가 그린 방은 약간 어둡고 벽면에는 책이 가득 메워져 있으며 책상에는 컴퓨터가 켜진 채 놓여 있고 실시간으로 해외에서 팩스가 들어오고 있었다. 재미있는 건 2016년의 나와 비슷하다는 것. 저널리스트가 되지는 못했지만 아나운서와 기자가 되었고, 열심히 이 글을 쓰고 있으니 48퍼센트 정도는 그 꿈이 이루어진 셈이다. 다만 그때는 내가 알지 못했던 것이 있었다. 나이 마흔이 되면 '능력 있고 당당한 여자'가 되어 있을 줄 알았다. 무슨 똥배짱인가?

　직장생활 18년째, 정말 쉬고 싶다는 생각에 사표를 던졌다. 출산휴가로 석 달을 쉬면서도 일하러 가고 싶어 하던 나였지만, 지칠 대로 지쳐서 풀어낼 실이 없는 누에고치가 되었다. 일보다 사람을 대하는 일에 싫증이 났다고 하는 것이 정확하다. 몇 달 쉬었다가 다시 일하러 나오라고 권하기도 했지만, 지금 내 인생을 돌아봐야겠다는 마음이 강하게 들었다. 아무 생각 없이 '소풍' 가는 마음으로 쉬고 싶었다. 뭔가 내게 전화점이 필요했다.

다섯 살배기 우리 딸이 어린이집을 갔다 오면 가끔 풀이 죽어 있다. 내가 의아해서

"율아! 어린이집에서 재미있게 놀았어? 누구랑 뭐하고 놀았어?"

꼬맹이는 나를 빤히 쳐다보면서

"엄마! 아무도 나하고 안 놀아줘서 속상했어."

가슴이 철렁 내려앉았다. 사실 난 학교 다닐 때 친구가 많지 않았다. 해가 바뀌어 반 배정이 될 때 운이 좋으면 나에게 말을 걸어주는 친구를 만나 1년을 무난하게 보낼 수 있었다. 그런데 말을 걸어주는 친구가 없으면 꾸역꾸역 학교를 다녀야 했다. 고등학교 때에는 요즘 아이들처럼 심하지는 않았지만 '왕따'가 된 적도 있었다. 고등학교 1학년 때 그러는 바람에 고등학생 시절 내내 친구가 몇 명 되지 않았다. 그런 내 인생이 우리 딸에게 재연될까봐 두려웠다. 친구들한테 자기가 하고 싶은 말을 못하고 되려 친구 목소리가 조금만 높아지면 '앙' 하고 울어버리는 딸아이를 보면서 걱정이 쌓였다. 외모는 아빠를 많이 닮았는데 어찌 그 속사람은 나를 많이 닮았는지 염려가 됐다.

그러던 어느 날 어린이집 상담이 있었다.

"선생님, 우리 아이가 관계를 잘 못 맺어서 걱정입니다."

우는 심정으로 속마음을 털어놓았다. 그랬더니 선생님이 활짝 웃으시면서

"그렇지는 않은데요?"

'이건 또 뭔 반전?' 알고 보니 같은 반 열 명의 어린이 중에 유독 인기가 많은 여자아이가 있는데, 우리 딸은 그 친구가 자기하고만 놀았으면 좋겠고 다른 친구들은 다 같이 놀기를 원한다는 거다.

"소꿉놀이 할 사람 여기 여기 붙어라!"

같은 반 친구가 그렇게 엄지손가락을 올리면 아이들이 너도 나도 손가락을 감는다. 자기가 대장을 하고 싶은 우리 딸은 주로 급조된 엉뚱한 놀이를 하자며

"같이 할 사람 여기 여기 붙어라!"

하고 손가락을 내미는데 누가 붙어주겠는가? 딸이 '민심'을 얻지 못하는 것이다. 안심도 되고 우기기 잘하는 우리 딸이 웃기기도 했다. 민심 잘 못 읽는 건 나랑 똑같군.

인기 많은 친구가

"나 너랑 안 놀아!"

하면

"니가 그렇게 말하니까 속상하잖아!"

그러면서 팩 토라져 저기 구석에 가서 앉아 있다가 기분이 풀리면 도로 기어 나와 아이들과 놀기도 한다는 설명이었다. 다섯 살 어린이들도 무리를 지어 행동할 때는 이런 일이 벌어지는구나 싶었다. 그래도 '속상하다'는 말을 하니 다행이네 싶었다.

나는 조직생활에 늘 서툴렀다. 어린 시절에도 친구들과 관계 맺기가 어려웠고 직업도 '뽑혀야' 일할 수 있는 방송인이다 보니 누구에게나 '친절한' 사람이 되려고만 했다. 그런데 '친절한' 언경 씨는 늘 혼란스러웠다. 이익관계가 얽히지 않았을 때는 아무 문제가 없지만, 서로의 이익이 엇갈리는 회사생활에 '좋은 게 좋은 거'라는 태도는 무용지물이었다. 그러나 예상치 않게 승진을 해서 팀원이 생기면서 나의 고민은 더 깊어졌다. 고민의 답을 찾아보려고 노력하다가 녹다운 되었다.

우리 딸은 정말 엄마처럼 살지 않기를 바랐다. 딸이 자라서 나중에 "나는 엄마처럼 안 살 거야" 이렇게 말해도 난 할 말이 없다고 생각했다. 자신의 주장을 굽히지 않고 정확하게 표현할 줄도 알고, 나도 잘 되고 남도 잘 되게 해줄 수 있는 아이가 되길 바랐다. 그러나 그걸 어떻게 해야 하는지 모르니 가르쳐줄 수가 없었다. 엄마처럼 회사 화장실에서 울지 않게 해주고 싶은데.

나는 내가 승진할지 몰랐고, 이렇게 긴 시간 동안 방송인으로 살지 몰랐다. 하루하루 열심히 살다보니 여기까지 와버렸다. 아마 나를 지켜보던 사람들도 몰랐을 것이다. 그러던 차에 이 책을 제안받았다. 성공한 여성들을 만나 그녀들은 어떻게 여기까지 올 수 있었는지 물어보자는 것이다. 왜 입사할 때는 그렇게 성적이 우수한 여성들이 나중에는 2퍼센트 정도만 살아남게 되는지, 도대체 문제는 어디에 있고 해결책은 없는 건지 알아보자는 제안이었다.

'성공한 여자' 하면 떠오르는 이미지 '기센 여자', '성질 더러운 여자', '혼자 살 것 같은 여자', '연애 한 번 못해봤을 것 같은 여자'를 떠올린다. 그러나 여성스럽고 부드럽고 사랑스런 여성 리더들이 더 많다. 예쁘고 스타일리쉬하고 사랑스런 리더들을 만났다. 기자들이 가장 좋아하는 대변인이자 변호사였던 조윤선 문화체육관광부 장관, 남편 최동훈 감독과 함께 두 편의 천만 영화를 만들어낸 안수현 케이퍼필름 대표, 전 세계 일곱 명밖에 없는 미국 언론 ABC뉴스의 글로벌 디지털 기자로 활동 중인 조주희 서울 지국장, 러쉬 코리아 매출을 몇 년 만에 두 배 넘게 성장시킨 김미현 마케팅 이사, 과학자로 경북과학기술원을 설립하고 원장을 지낸 이인선 전 경북 경제부지사, 전투병과 첫 여성 장군인 송명순 예비역 준장, 그리고 현대차 그룹의 첫 여성 상무였던 마케팅 전문가 최명화 대표를 만났다. 그저 질문지 하나 달랑 들고 가서 퍼부은 무차별적인 질문 공세에도 그녀들은 친절하고 솔직담백한 이야기를 들려주었다.

내겐 정말 좋은 공부였다. 이걸 내가 조금만 미리 알았더라면 속이 그렇게 타지는 않았을 텐데 몇 번을 돌이켜 생각했다. 하지만 지금이라도 알게 된 게 어디인가? 섭외하고 인터뷰를 진행했던 석 달 동안 가장 큰 위안은 그녀들도 한때는 그 비결들을 몰랐다는 것이었다. 그녀들도 모르던 시절이 있었고 치열하게 고민했고 지금을 만들었다는 것. 왕도가 없지만 꾸준히 옳은 길을 향해

씩씩하고 용감하게 걸어가면 해낼 수 있다는 데 용기를 얻게 되었다. 그리고 내 인생을 소중하게 걸어가고 싶어졌다. 아름답고 섬세하며 부드럽고 화끈한 그녀들의 이야기를 투박한 솜씨로 전하게 된 것이 아쉽지만, 내가 용기를 얻었듯이 동생 같고 친구 같고 언니 같은 당신이 기운을 낼 수 있기를 기도한다.

나와 똑같은 옷을 입고 나가고 싶어 하는 내 딸에게 멋있는 엄마가 되기 위해서 난 오늘도 열심히 달릴 것이다.

1

직장생활의
오해와 함정

비에 젖은
낙엽처럼

나에게 아버지는 아주 특별한 사람이다. 너무 엄격하셔서 어릴 때는 늘 아버지의 엄격함이 불만이었지만, 철이 들기 시작하면서부터는 판단이 분명한 아버지가 있다는 것이 얼마나 소중한 자산인지 깨닫게 되었다. 여느 전후 세대처럼 아버지도 어려운 어린 시절을 보냈다. 전쟁 통에 태어나 아버지도 없이 자란 아버지는 늘 사람들의 시선이 조심스러웠다. 조금만 잘못 행동하면 아버지가 없이 자라 그렇다는 이야기를 듣기 일쑤였기 때문이다.

무더운 여름날 저녁, 열 살 남짓한 아버지가 친구 집에 들렀다. 친구 가족들이 마루에서 수박을 먹으려고 하던 참이었다. 친구의 어머니는 아버지를 불러 수박 한 조각을 손에 쥐여주었다. 늘 배고프던 시절, 그 달디 단 수박이 얼마나 맛있었을까? 수박 한 조각을 얻어먹고 집으로 돌아간 아버지는 우리 할머니에게 엄청 야단을 맞아야 했다. 아버지가 안 계시고 어려운 시절인데 남들 눈에 만만해 보이거나 약해 보이면 안 된다는 것이 할머니의 이유였다.

당시는 동네 사람들이 서로의 집안일에 참견하며 살던 시절이었다. 누구 집에 숟가락이 몇 개 있다는 것부터 어느 부부 사이가 어떠하다는 것까지 다 이야기하던 때가 아니던가? 누군가에게는 정겨운 느낌이 그득한 아름다운 시절일 수 있지만, 가난하고 가진 것 없는 누군가에게는 늘 입방아에 오르내리는 일이 상처이고 가슴 아픈 시절일 수도 있었다. 아버지는 자라면서 사람들의 입방아에 충분히 오르내릴 수 있다는 것을 알고 있었고, 가뜩이나 유교 문화가 단단히 뿌리박고 있는 경북이 고향인 아버지는 생각도, 인내심도 많은 아이로 성장했다. 아버지는 신중한 사람이었다. 그리고 딸을 키우면서도 늘 걱정이 많았다. 덜렁대는 딸이 어디 가서 상처받지 않을까 하고.

아버지와 둘만 남겨진 어느 날, 난 아버지에게 물었다.

"아버지는 내가 커서 뭐가 되면 좋겠어?"

아버지를 기쁘게 해주고 칭찬을 받고 싶은 심정이었다. 판사, 변호사, 교수 이런 대답을 기대했던 나에게 아버지의 대답은 의외였다.

"사장의 아내."

늘 자신만만했던 나는 아버지에게 대들듯 물었다.

"사장이면 사장이지. 사장 아내는 뭐야?"

'아버지가 나의 실력을 못 믿나 보다. 역시 아버지는 내 성적도 나도 성에 안 차나 보다, 했다. 전형적인 경상도 남자인 아버지는 한 번도 대놓고 칭찬하신 적이 없었다. 이 글을 쓰고 있는 지금 이 순간도 아버지가 해주신 칭찬을 생각하고 있으나 딱히 떠오르는 것이 없다. 그러나 늘 가족을 위해 헌신적이었던 아버지의 사랑을 의심한 적은 단 한 번도 없다. 아버지의 대답은 이랬다.

"집안일을 하는 것도 한 사람의 노동력을 넘어서는 일이다. 그런데 바깥일까지 하면 니가 너무 힘들다. 그래서 아빠는 니가 사장을 하기보다 사장 부인을 했으면 좋겠다."

무뚝뚝하지만 귀가 얇고, 감정 기복이 심한 딸을 배려한 아버지의 마음이었다. 남자들은 세상에 나올 때 '세상을 먹어버리겠다'는 심정으로 나온다고 한다. 세상에 자신의 자리가 언제나 존재한다는 생각을 늘 한다. 그러니 이 세상을 지배할 수 있다는 생각도 한다. 한편 여자들은 늘 세상과 싸워야 한다고 생각한다. 그것은 어떤 차이일까?

여성들은 세상에 자신을 위한 자리는 존재하지 않는다고 믿는다. 그렇기 때문에 늘 열심히 해야 한다고 결심하고, 열심히 해서 성과를 내지 않으면 내 자리가 없어질 것이라는 불안감에 늘 시달린다. 모계사회가 있었다고는 하지만, 지금 대한민국에서 살아가는 여성들 중 여성이 사회 주축 세력이 될 수 있다고 생각한 사람은 얼마나 있을까? 하루하루 전투 같은 육아와 전쟁 같은 업무 속에 5분 대기조로 살아가고 있는데 말이다.

직장생활을 하는 동안 '나는 무엇이 되겠다. 무엇을 해보겠다'는 생각보다 '잘리지 않고 회사를 다니는 것'이 지상최대의 과제였다. 시작부터 그랬다. 나는 지방 방송국의 3년 6개월 계약직 아나운서로 사회생활을 시작했다. 부산에서 방송생활을 처음 시작했을 때는 좀 더 전투적이어야 했다. 신문방송학과를 졸업했다는 것 말고는 아무것도 내세울 것이 없었던 내가 방송국에 발을 들이는 일은 어림도 없었다. 세 명을 뽑는 방송 전문인 시험에 도전했다가 보기 좋게 낙방했다. 그러나 운이 좋게도 나를 눈여겨보았던 라디오 차장님의 배려로 방송국에서 일할 수 있게 되었다.

나의 할 일은 일주일에 한 번 시민들을 인터뷰해서 방송하는 일이었다. 그 외에도 잡무가 많았다. 음반 찾아오기, 전화 연결하기, 그리고 여러 가지 심부름까지. 일을 점점 늘어났다. 그렇지만 견습생이었으므로 한동안 급여는 없었다. 그러다가 아침 프로그램에 일기예보를 30초 동안 하면서 보수가 생기기 시작했다. 그렇게 배운 방송일이 도움이 되어 아나운서가 되었지만, 그마저도 계약직이었다. 3년 내내 재계약이 된다 안 된다 불안감에 늘 시달렸다. 결국은 한 번 더 재계약이 되었고 그 후 8년 동안 프리랜서 생활을 했다. 그렇게 나는 회사생활 내내 고용불안 속에 살았다.

승진을 하겠다거나 뭐가 되어보겠다는 생각조차 해본 적이 없었다. 정작 승진이 되었을 때도 늘 거기가 끝이라는 생각에서 벗어나지 못했다. 늘 시한부 인생을 사는 사람처럼 나의 직장생활은 마음속에서 시한부였다. 아무도 나에게 그렇게 말하지 않았는데 나 혼자서 해고될 날을 만들어놓고 있었다. 그러니 뭔가를 변화하고 발전하는 일은 꿈도 꿀 수 없었다. 문제를 해결하고 타협하기보다는 늘 가슴만 졸이고 있었다. 다른 사람에게 의견을 제시한다는 것은 생각조차 못했다. 다른 사람 눈에 들어야만 방송을 할 수 있는 내가 함께 방송하는 사람과 의견 충돌이 생기기라도 하면 어쩌나 늘 고민이 많았던 것이다.

아나운서가 사람들이 선택해주지 않으면 안 되는 직업이라는 특수성을 가지고 있긴 하지만, 세상에 선택받지 않는 직업이 어디 있을까? 보통 선택받으려면 무조건 착해야 한다는 생각을 한다. 그런데 과연 그럴까? 함께 일하는 사람들과 계속 트러블을 일으킨다면 문제가 있겠지만 그렇지 않다면 무엇인가를 끊임없이 도전하는 사람에게 눈길이 가는 것은 당연한 것 아닐까? 아랫사람이라고 해도 자신의 의견을 가진 사람들을 보면 상사나 선배는 자신도 모르게 조심하게 된다. 사람 사이의 권력은 상하 관계로만 만들어지는 것은 아니다. 기업을 운영하는 지인의 말에 의하면 사장들이 가장 눈치를 많이 보는 사람은 바로 '부하 직원'이라고 한다. 후배가 똑똑하고 목적의식이 분명하면 선배들도 함부로 할 수 없는 면이 있다. 한동안 나는 을 중의 을이었지만 내 의견을 분명하게 밝히고 목적이 뚜렷했다면 좀 더 나은 성과를 낼 수 있었을 것이다. 그러나 나는 살아남기에 급급했다.

여성들은 결혼하기 훨씬 전부터 결혼과 출산을 거치면 본인에게 불리해질지 모른다는 불안감에 시달린다. '아이를 갖게 되면 사람들의 시선이 어떨 것이다' 이렇게 미리 예측하면서 움츠러드는 경우가 무척이나 많다. 그러고는 아무도 그런 생각을 하고 있지 않은데 지레 겁을 먹는다. 그러다가 조금만 이상한 낌새가 보이면 떠날 준비를 하는 그녀들이 있다. 그런데 정말 성공하고 싶으면 떠나지 마라! 한 CF 광고에서는 열심히 일한 당신 떠나라고 하던데, 휴가는 갈지언정 열심히 일한 당신 떠나지 마라. 그렇게 열심히 해놓고 도대체 왜 떠나야 하는가?

기술 영업을 하는 지인이 내게 해준 말이 있다. 여성들은 너무 완벽하려는 것이 문제라고 지적했다. 일의 완성도를 높이는 것은 좋은 일이지만 너무 완벽하게 하다 보면 본인의 기준치가 너무 올라가게 되고 그 기준치를 만족하지 못했을 때 자신에게 실망한 나머지 슬럼프에 빠져 헤매게 된다. 남자들도 여자들도 모두 다 실패한다. 그런데 그 실패를 어떻게 받아들이느냐에 따라 성과는 결정된다. 남학생들보다 더 열심히 공부했고, 또 어려운 문을 통과해서 여기까지 왔기 때문에 여자들은 마음대로 되지 않았을 때 더 열심히 하지 않은 자신을 자연스럽게 채찍질한다. 이렇게 원인을 자신에게 찾으려다가 오히려 자신의 발목을 잡는 경우가 많다.

현대자동차 그룹을 비롯해 대기업 임원으로 10년을 보낸 우리나라 여성 마케터 1세대인 최명화 & 파트너스의 최명화 대표는 '비에 젖은 낙엽처럼' 절대 쓸려가서는 안 된다고 설명했다. 어쩌면 뛰어난 능력보다 견뎌내는 능력이 더 우선인지 모른다. 회사는 자신의 개성이나 능력을 개발해주는 곳이 아니라 일을 하는 곳이다. 기업에서는 최고가 필요하기보다는 그 기업에 필요한 사람을 원한다. 그러므로 한 자리에 오래 있을수록 더 많은 정보를 습득하게 되는데, 그것이 꼭 업무와 관련되지 않더라도 회사와 관련된 정보일 수 있다. 아주 우수하게 그 일을 해내는 것도 필요하지만 한 자리를 우직하게 지켜주는 것이 더 큰 힘이 될 수 있다.

경영자의 입장에서는 일 잘하는 사람도 중요하지만 믿고 갈 사람이 중요하다. 그녀는 가장 큰 능력은 '버티는 힘, 즉 버티력'이라고 강조한다. 특히나 회사가 어렵고 위기에 처했을 때 회사를 지키는 것이 무엇보다 필요하다. 최명화 대표는 강제성 있는 방법도 추천했다. 남편을 유학 보내든지 아니면 주택자금대출을 엄청 받아서 일을 하지 않으면 안 되게끔, 심지어는 울며 겨자 먹기로라도 일을 할 수 있게 하라는 것이다. 그러니 혹시나 회사의 방향이 자신이 원하는 방향으로 흘러가지 않는다고 해서 떠날 필요가 없다. 그럴 때는 기다려야 한다.

　세월이 주는 약이 분명히 있다. 세월이 흐르지 않으면 배울 수 없는 것들이 있다. 초보는 누구나 서툴다. 서툴지 않으면 초보가 아닌 것이다. 그러니 나만은 서툴면 안 되는 것처럼 호들갑을 떨 이유는 없다. 회사에서 직원을 공채할 때 들어와서 그 일을 잘할 것이라고 기대하지 않는다. 기자를 뽑았을 때도 들어오자마자 기사를 아주 잘 쓰리라고 생각하는 사람은 없다. 들어오면 그 회사의 스타일로 훈련하고 가르친다. 초창기에 그 비용이 많이 들지만 익숙해지고 숙련되면 그 비용이 줄어드는 대신 회사의 이익이 늘어나게 된다. 그러면서 회사에서 업무 능력만 습득하는 것이 아니라 그 회사의 문화도 알게 된다. 글자로 쓰인 것 이외에도 최소 10년 이상 한 가지 일을 쭉 해왔을 때 얻는 즐거움이나 지혜가 따로 있다.

　회사를 다니는 이유가 '하고 싶은 일이어서'거나 '연봉이 높거나' 그것이 아니라면 '사람이 좋아서' 이 셋 중 하나만 있어도 무척이나 행복한 사람이라고 한다. 자신의 적성이야 본인의 선택이지만 요즘처럼 정보가 투명한 사회에서 특정인에게만 연봉을 많이 주는 일은 아주 드물다. 그렇게 조건들이 비슷비슷하다 보니 사람 때문에 울고 사람 때문에 웃는 일이 참 많다.

　상사가 나를 힘들게 하면 그만두고 싶은 생각이 불쑥 불쑥 올라온다. 사표를 쓰고 싶은 마음이 씨앗으로 뿌려지면 무럭무럭

날마다 자란다. 업무를 꼼꼼하고 섬세하게 수행하는 장점이 있는 여성들은 남자 상사의 업무처리 방식이 아주 다를 때 좌절을 느낀다. '어떻게 저런 사람이 여기까지 올 수 있지?'라는 의구심을 계속 품으면서 말이다. 나름대로 끊임없이 노력하지만 때로는 진심이 전달되지 않을 경우가 많다. 그러다 보니 좌절하고 제대로 안 된다고 "사표 낼 거야. 이번엔 꼭 낼 거야" 하며 밤마다 남편에게 이야기를 해 부부싸움을 부르는 경우도 무척이나 많다. 힘겨운 어느 날, 나를 향해 말도 안 되는 이야기를 짖어대고 있는 그 상사 XY 염색체에게 사표를 던지고 나와버렸다. 그 순간은 무척 홀가분했는데, 집에 돌아와 생각이란 걸 하기 시작하니 '내가 무슨 짓을 저지른 거지?' 하고 한숨이 쉬어진다.

지쳐서 잠이 들었다가 아침에 눈을 뜨기 싫어 알람과 사투를 벌이는 순간, 나의 머릿속에는 '그만둘까? 그만둘까?' 정말 많은 생각이 지나간다. 사표를 던져버리고 어딘가에 꽁꽁 숨어서 나오고 싶지 않은 욕망. 재미있는 것은 내가 정말 사표를 쓰고 프리랜서로 돌아선 날에도 무척 힘든 아침을 맞았다. 그날 아침에도 마음속에서 쑥 올라왔다. '그만둘까? 회사?' 그리고 생각했다. '아 맞다! 나 회사 그만뒀지?' 하루에도 열두 번 그만둔다는 이야기를 입에 달고 살았던 내 습관. 얼마나 무서운 습관인가? '도망치고 싶은 나의 마음이 자꾸 사표를 떠올리게 했구나'를 깨닫게 되는 순간이었다. 그런데 이 땅에 발을 딛고 사는 어떤 순간인들 힘들지 않을까? 도망가고 싶은 순간은 언제나 어디나 존재한다는 불변의 진리를 잊고 사는 것이다.

'그만두면 내 윗사람이 얼마나 당황할까? 얼마나 후회할까?' 그런 복수의 심정으로 사표를 던지지만 그 순간 아주 작은 파장이 일 뿐이다. '나갔어?'로 끝나는 경우가 아주 많다. 남아 있는 사람의 잘못으로 돌려지는 경우는 보지 못했다. 그렇다면 나가는 것은 아주 어리석은 일이다.

러쉬 코리아에서 마케팅 이사로 매출을 두 배로 끌어올린 파워 우먼 김미현 이사는 자신의 이런 경험을 고백했다. 사표를 던지고 회사 문을 나서는 순간부터 자신은 후회한 경우가 너무 많았다고 했다. 자신의 경력과 경험은 눈송이처럼 쌓이는 것인데, 그렇게 소리 없이 쌓인 눈덩이가 지붕을 무너뜨리고 심지어는 집을 주저앉게 만드는 힘처럼 그렇게 내 안에 힘이 쌓이고 있음을 우리가 모르고 있다는 것이다. 그 힘을 무시할 수가 없다. 어디 일만 그럴까?

위계질서가 가장 뚜렷한 군에서 우리나라 전투병과 여성으로는 처음으로 별을 단 송명순 예비역 준장. 그녀가 앳된 20대 소위로 임관했을 때의 경험을 이야기한다. 대학을 졸업하자마자 군대에 임관한 그녀는 막 훈련을 마치고 부대에 왔을 때의 경험을 술술 풀어주었다.

20대에 막내 여동생 같은 소위가 소대장을 맡았을 때 오빠, 그것도 큰 오빠뻘인 남자 군인들의 눈에는 귀엽거나 건방지게 보였을 것이다. 군인 취급을 해주지 않았던 그들에게 어떻게 해서 군인으로 인정받았냐는 질문에 송명순 예비역 준장은 웃으면서 대답해주었다.

"시간이 해결해주지요."

처음에는 '네가 뭘 알아?' 식으로 접근하던 사람들 때문에 자존심도 상하고 당장 때려치고 싶지만 10년을 넘어가면 그럴 수 없다는 것이다. 흔들리지 않고 피는 꽃이 있던가? 그만큼 시간이 준 선물은 크다. 지금 혹시 누구 때문에 회사를 그만두겠다고 생각하고 있다면 '내가 저 사람 때문에 여기를 떠나? 언젠가는 끝난다. 그러니 길게 보고 덤비자'라고 되새겨보자. 지금은 이 시련이 끝나지 않을 것 같지만, 저 사람도 여길 떠나고 나도 자리를 옮기게 된다. 단지 사람 때문에 직장을 떠나야 하는가? 복잡한 심경의 문제도 한 문장으로 정리해놓고 보면 아주 단순한 경우가 많다. 그 사람을 이기려 들지 말고 주저앉으려고 하는 나를 이기려 들어야 한다. 비에 젖은 낙엽처럼 쓸리지 말자. 언젠가 내 눈에, 내 손에 물 마를 날이 올 것이다.

너무 쉽게
소설을 쓰지 마라

아침 회의 시간. 월간 업무 보고가 있었다. 날카롭게 날아드는 질문 세례들. '생각지 못한 질문이다. 망했다!' 허를 찔린 나의 등에 식은땀이 줄줄 흐른다. 상사에게 어마무시하게 깨지고 나서는 의자 위에 털썩 몸을 던져 놓으면서 '도대체 어디서부터 문제가 생긴 거지?' 질문한다. 입술을 꽉 깨물고 이마에 내 천(川)자를 그리며 머릿속의 미로를 찾아 헤맨다. 그러다 퍼뜩 떠오른 그놈의 얼굴, 박 부장. 첫 만남부터 별로 안 좋았다. 인사도 제대로 안 받더니……, '나를 이렇게 망신을 줘?' 처음에는 조금 화가 났다가 점점 치밀어 오른다.

직장생활의 오해와 함정

그런데 쌔한 느낌이 들면서 박 부장이 '나를 무척 싫어한다'는 생각이 머릿속을 스쳐 지나간다. 오늘 내가 보고를 제대로 할 수 없었던 것은 준비를 잘하지 못해서이기도 하지만, 애당초 나를 싫어하는 그가 회의 멤버로 있었기 때문에 처음부터 안 될 일이었다. 갑자기 심장이 나대기 시작하더니 슬슬 걱정되기 시작한다. 앞으로 회의 때마다 얼굴을 마주할 텐데 어떻게 해야 할지 막막할 따름이다. '저 인간이 여기서 그만 둘까? 계속 저렇게 나를 방해하면 어떻게 하지? 아, 맞다. 담달 인사 고과 평가가 있지? 나 이러다가 잘리는 거 아니야?'

'망했다'에서 '잘렸다'로 가는 데는 30초도 걸리지 않는다. 이 글을 읽는 사람들은 설마 누가 저렇게 결론을 낼까 생각하겠지만, 이 책을 읽는 순간에도 쉽사리 벌어지고 있는 일이다. 프레젠테이션 한 번을 망쳤다고 회사에서 잘리는 일이 얼마나 많이 벌어지겠는가? 글자로 써 놓고 보면 말도 안 되는 일들이 머릿속에서는 30초 안에 벌어지고 만다. 실제로 이런 상상들을 해보지 않았는가? 이런 상상만으로 벌어지는 일은 그렇게 많지 않지만, 회사를 잘릴지도 모른다는 그 생각은 여러 가지 일을 불러온다.

첫째, 사람을 대하는 태도가 위축될 수밖에 없다. 그 부장이 나를 싫어하는지 그렇지 않은지를 점검하지 않은 채 자신을 싫어한다고 단정 지어버린다. 같이 일하는 것조차 싫다고 느끼는 순간 예전 일들이 떠오른다. 그러다 보면 곁에서 숨을 쉬는 소리조차 싫어진다. 그 사람을 극도로 싫어하게 되고, 회사일은 지옥처럼 느껴진다. 그런데 세월이 흘러 나를 싫어한다고 생각한 사람들과 이야기하다 보면 그렇지 않은 경우가 많다.

"왜 그렇게 생각하고 있었어? 나는 그럴 의도가 아니었는데?"

그 순간 그동안 나의 행동들이 허무하게 느껴진다. 그의 행동하나 눈빛 하나에 의심을 담았던 내가 바보 같아진다. 그 수많은 시간이 너무나 아깝게 느껴진다. 상대방이 나에게 어떤 행동도 취하지 않았는데 지레 겁을 먹고 그를 대하게 되면 어떤 일이 벌어질지는 자명하다. 두려움만큼 사람의 발목을 잡는 일은 없다. 마음속에 벌어지는 일이 물리적인 세계에 영향을 줄 수 있다. 불안감에 휩싸인 뇌는 끊임없이 위험하다는 경보를 울리면서 사람의 영혼을 피곤하게 만들고 몸을 지치게 한다.

둘째, 상상은 결국 섣부른 행동을 하게 만든다. 처음에는 불안감에 불과했던 일들이 현실로 나타나기 시작하면서 의도치 않은 결정을 내리게 된다. 이직할 생각이 없다가도 이런 마음을 담고 있으면 외부 자극에 반응하게 되는 것이다. 이직은 아주 신중하게 결정해야 하는 일인데, 내가 평소 입에 달고 살던 '이직'이라는 그 언어는 끝내 자신의 임무를 완수하고 소멸한다. 우리는 나쁜 예감은 틀린 적이 없다고 둘러대지만, 나쁜 말이 씨앗을 뿌려서 부정적인 에너지를 거름 삼아 성장해 열매를 맺을 수도 있다.

우리는 참 상처받기 쉬운 사람들이다. 상처받기 쉬운 사람들은 자신의 보호하기 위해 사력을 다한다. 나만 그런 것은 아니다. 사람들을 만나보면 위에서처럼 상처받지 않으려고 정말 안간힘을 쓰는 것이 보인다. 우리 머릿속에는 소설책이 한 권 들어 있는 듯하다. 휴지가 풀리듯 술술 일의 퍼즐이 끼어 맞춰진다. 소설은 자유지만 머릿속에서 무한 반복된 생각들은 머릿속을 뛰쳐나와 내 일상을 누비고 다닌다.

우리가 할 수 있는 방법은 생각을 끊는 것이다. 생각을 안 하려고 가만히 있으면 생각이 더욱 그 자리를 맴돌게 되므로 장소를 바꾸던지 그렇지 않으면 친구들과 커피를 한 잔 마시면서 생각을 바꾸어 보는 것도 좋은 방법이다. 스트레스는 그저 스트레스로 날려 버려야 한다. 취미로 즐기는 일이 있다면 도움이 될 것이다. 차라리 집에 가서 잠이라도 실컷 자는 것도 방법. 그런데 같은 이야기를 남편과 다시 하는 것은 금물이다. 이야기를 하면 다시 상상하게 되고, 상상하는 동안 뇌는 그 일이 실제로 벌어진 것처럼 인식한다. 스트레스를 이야기하면서 얼마나 자세히 여러 번 반복하고 싶은가? 이럴 때는 잠이 보약이 될 수 있다.

잠을 자면서 꿈을 꾸는 시간인 REM(rapid eye movement) 수면이 아픈 기억을 누그러뜨린다는 연구결과가 있다. 미국 버클리 캘리포니아 대학 심리학과의 엘스 반 데르 헬름(Els van der Helm) 연구원팀이 건강한 청년을 두 그룹으로 나누고 한 그룹은 감정반응을 유발하는 영상을 아침에 보여주었다. 12시간이 흐른 뒤 다시 보여주었다. 그리고 다른 그룹은 같은 영상을 저녁에 보여주고, 다음 날 아침에 보여주었더니 저녁에 보았을 때보다 감정반응의 강도가 많이 줄어들었다는 것이다. 잠을 자는 동안 스트레스와 관련된 신경물질이 줄어들고 기억의 아픈 부분들은 재처리가 되기 때문에 아침에 잠을 깨면 같은 감정이라도 더 잘 감당할 수 있게 된다. 그러니 생각하지 말고 차라리 잠을 자라.

현대자동차의 임원을 지냈던 최명화 대표는 이렇게 말한다.

"회의 시간에 깨질 수도 있고 망신을 당할 수도 있습니다. 그러면 그랬구나, 뭔가 부족했구나, 배움을 얻고 상처받은 감정을 술 한 잔 하면서 풀던지 하고, 그 다음 날 아침에 파이팅 하고 전진해야 하는데 거기서부터 소설을 씁니다."

최명화 대표의 관찰에 의하면 전후의 모든 이야기가 다 나오고 자책이 이어진다는 것이다. 그런데 이것이 다 사실이 아니라는 데 더 문제가 있다고 지적했다. 그녀는 30년 가까운 직장생활 내내 수없이 경험했다는 것이다.

흥미로운 점은 남자들의 반응은 다르다는 데 있다. 남성들은 책임 소재를 자신에게 찾지 않는 경향이 있다. '내 잘못이 아니야. 그럴 수도 있지 뭐'라고 여긴다. 남성들은 감정의 화살을 자신에게 돌리지 않고 시야를 바깥으로 돌려 본인을 잘 보호한다. 반면 이런 자신과의 싸움에서 끊임없이 감정의 미로 속을 헤매는 여성들은 사실 관계에 연결된 감정이 더욱 중요해 거기에 치중한다.

부부 싸움의 경우도 마찬가지다.

남편이 양말을 홀라당 뒤집어서 빨래 통에 집어넣었다는 이유로 부부가 싸웠다고 가정해보자. 그러면 빨래 통에 넣었는지 안 넣었는지 혹은 왜 그럴 수밖에 없었는지 사실 관계를 이야기하는 남편과는 달리 아내는 "어쩜 저런 식으로 말을 하냐?"면서 기분 나빠 소리부터 지른다.

개그 콘서트에 연애 상황에서 서로가 달리 생각하는 남녀의 모습을 그려낸 코너가 등장했다. 이런 식이다. 여자친구가 남자친구에게 "나 살 쪘지?" 하며 말을 해 남자친구를 난감하게 한다. 그러면 남자친구는 "살 쪄도 예뻐" 하며 말을 하고, 이어 여자친구는 "살 쪘네!" 하며 화를 내버린다. 여자들은 사실보다 그때의 눈빛과 감정이 더욱 중요한 것이다.

그런데 아내 혹은 여자친구가 아니라 직장인으로 앉아 있는 이곳 직장에서는 나의 감정을 받아줄 사람이 없음을 명심하자. 스스로 브레이크를 걸어야 한다. 최명화 대표는 여성들이 자책을 많이 하는 편이라고 했다. '내가 예민하게 받아들이나 보다. 여기서 그만하자' 이렇게 자신을 다독이고 차라리 가볍게 와인을 한 잔하고 자는 편이 나을 수 있다. 자신을 보호하려면 좀 뻔뻔해질 필요가 있다.

여성들의 감성적인 부분은 산업적인 측면에서는 무척이나 도움이 될 수 있다. 예민하기 때문에 디테일을 잘 잡을 수 있지만 한편으로 일희일비하면 그 장점이 독이 되어버린다. 감성적인 부분 때문에 가장 힘들어지는 사람은 바로 본인이다. 직장은 냉정하게 이야기하자면 돈과 나의 능력을 교환하는 곳이지 자아실현을 하는 곳도 자신의 인생을 설계하는 곳도 아니다. 지나치게 삭막하게 들릴 수 있지만 그것이 현실이다. 냉정하게 생각해봐야 한다. 너무나 작은 일에 소설을 쓰는 태도로는 사회라는 경기장에 남아 있기가 쉽지 않다. 전문직 종사자뿐만 아니라 직장생활을 하는 여성이라면 자기 자신을 아는 것이 핵심 파워일 수 있다. 무엇보다 자신이 어떤 사람인지를 명확하게 알고 있다면 감정적인 일에 일희일비하지 않을 수 있고, 나아가 자신을 객관화 시킬 수 있는 능력을 기른다면 성공적인 직장생활을 할 수 있다고 최명화 대표는 조언한다.

그녀가 지켜본 후배들의 모습은 이러하다. 20~30년을 직장생활하다 보면 업무 능력은 별 차이가 없다고 말한다. 직급이 올라갈수록 이 사람을 믿을 수 있는가가 가장 중요한데, 그 기준은 다름 아닌 일관성이 있는 자기 행동 자제력이라는 것이다. 언어 능력이나 업무 실력도 당연히 중요하겠지만 한 회사에서 습득한 기술은 세월이 오래 지나면 평균화되어지는 측면이 있다. 대리나 과장일 때는 보고서 잘 쓰고 프레젠테이션 잘하는 것이 중요하겠지만, 리더가 되기 위한 필요충분조건이 될 수는 없다. 오늘 당신은 어떤 모습의 후배였을까? 믿을 만한 사람일까? 자제력이 있는 사람일까?

회사는 자기개발을
하는 곳이 아니다

　　　열심히 배우고 일을 해야 하는 상황에서 자신을 가장 잘 아는 것은 정말 중요한 파워이다. 〈직장의 신〉이라는 드라마에 이런 대사가 나온다.

　　"회사란 생계를 나누는 곳이지 우정을 나누는 곳이 아니고, 일을 하고 돈을 받는 곳이지 예의를 지키는 곳이 아닙니다."

　　회사에서 화목한 분위기를 강조하는 직장 상사에게 〈직장의 신〉 주인공인 미스 김이 날린 통쾌한 한마디. 냉정하다고 여길 수도 있지만, 나 자신을 아는 것이 가장 큰 경쟁력이 될 수 있는 시기에 꼭 필요한 말이 아닐까? 직장에서 사랑과 우정을 나누고 더 나아가서 나의 자아를 실현할 수 있다는 생각. 그런 이상을 갖는 것은 자유지만 문제는 그 생각에 사로잡혀 현실을 냉정하게 볼 수 없다는 데 있다. 회사에 인격을 불어넣고 '왜 회사가 나를 챙겨주지 않지?', '왜 나는 성장할 수 없는 걸까?' 끊임없이 고민해봐야 소용이 없다는 것이다.

직장인들을 열광하게 만들었던 드라마 〈미생〉에 이런 대목이 나온다.

"최선은 학교 다닐 때나 대우 받는 거고 직장은 결과로 대접받는다."

한번은 낮에 진행하던 시사 프로그램에서 대형 사고가 날 뻔한 적이 있었다. 후배 피디가 프로그램을 맡은 지 얼마 안 됐을 때였다. 선임자가 갑자기 퇴사를 하는 바람에 생방송 시사 프로그램을 처음 맡은 후배는 실수가 많았다. 그 전날 해병대 캠프에 학생들이 참가했는데 사고가 발생을 해서 목숨을 잃은 일이 발생했다. 안전 대비가 제대로 되지 않아 일어난 참사였다. 급히 전문가 전화 연결을 시도했다. 그리고 다음 코너로 화제 전환을 해야 되는데 진행상에 무슨 문제가 발생한 것인지 다다음에 준비한 이슈의 예고편이 방송됐다. 후배 피디의 다급한 목소리가 들렸다.

"선배, 잘못 나갔어요."

화가 머리끝까지 났지만, 감정을 가라앉히고,

"이 내용은 잠시 후에 알아보기로 하고요. 이번 순서는 ○○입니다.”

급히 마무리를 하고 아무 일이 없다는 듯이 프로그램을 마쳤다.

그런데 머릿속이 수습이 안 됐다. 열 명이 넘는 제작진이 공들여 만든 것을 단 한순간에 망쳤다는 생각에 머리끝까지 화가 났다. 아직 익숙하지 않아서 발생할 수 있는 실수라고 양해를 해줄 수도 있다. 그런데 그냥 넘어가면 다음에 실수가 생겨도 가벼이 여길 거라는 마음이 들었다. 후배 피디를 복도로 불렀다.

“어떻게 된 거야?”

방송 생활하면서 남에게 그렇게 심하게 화를 내 본 적은 처음이었다.

“아, 제가 실수했습니다.”

연이어 며칠 내내 잔 실수가 이어진 것도 생각났다.

“어떻게 할 거야?”

“열심히 최선을 다해서 배우겠습니다.”

“야! 여기가 학교냐? 열심히 배우기는 뭘 배워? 무슨 수를 써서라도 다음 주부터는 잘해. 알았지? 여기서 너 기다려줄 사람 없어.”

화가 나기도 했지만, 그 녀석에게 꼭 그 말을 해줘야겠다는 생각이 들었다. 어느새 나도 그 녀석의 마음이나 상황보다 회사 입장에서 생각하고 있었다. 그 뒤로 그 후배 피디와는 무척이나 가깝게 지냈다. 그러나 그 사건은 나를 돌아볼 수 있는 기회가 되었다. '나는 나를 그렇게 바라보고 있는가?' 하고 말이다. 매번 '회사가 왜 나에게 기회를 주지 않지?'라는 의문을 갖는 것보다 회사의 지금 이슈가 무엇인지, 그리고 내가 해야 할 일은 무엇인지 알고 있어야 한다.

변호사로 근무했던 조윤선 문화체육관광부 장관은 이렇게 조언한다.

"항상 조직하고 나하고를 생각해야 돼요. 그런데 조직에 대한 생각을 약간 덜 하는 측면이 있어요. 변호사로 근무할 때 30년 경력을 갖고 있는 선배들이 변호인석의 인턴들하고 대화할 때 중요한 몇 가지를 알려주는 자리가 있었어요. '여러분이 이제 직장생활을 시작하면 어떤 조직이 되었든 간에 조직의 이해와 자신의 이해는 상충될 수밖에 없다. 조직은 조직대로 나를 부품으로 쓰려고 하고 나는 그 조직에서 자아실현하고 발전하려고 한다'라고 했어요. 맞는 말이죠. 그런데 현명한 사람은 자기 조직의 이해관계와 자신의 이해관계를 일치시키죠. 나의 경우 변호사 일을 하면서 아무리 하찮은 일을 해도 결국 그것은 내 능력을 향상시킨다는 생각을 했어요."

조윤선 장관이 변호사 1년차이던 시절 주 업무는 이랬다. 큰 소송의 막내 변호사로 들어가면 번역한 서류가 번역은 제대로 되었는지 살펴보거나, 혹은 증거 서류를 법원에 내기 전에 깨끗하고 반듯하게 복사가 되었는지 아니면 복사본을 또 복사해서 흐릿한

지 등을 보면서 어디 잘못된 부분은 없는지 살피고, 또 왼쪽 오른쪽 여백은 보기가 좋은지도 살펴야 한다. 또 고객이 오면 회사 어느 직급의 변호사가 만나는 것이 좋은지, 장소는 어떤 곳이 좋을지까지도 챙겨야 한다. 남들이 보면 사소하다고 여길 수 있는 일들이지만, 3~4년차 변호사로 작은 소송의 간사가 되어서 일을 이끌어가다 보면 '변호사가 할 일이 아닌데'라고 생각했던 모든 일들이 다 소송에 도움이 되었음을 알게 된다고 한다.

이 시간이 다 나에게 도움이 된다고 생각하는 순간, 내가 쓰고 있는 시간이나 하는 일의 의미가 달라진다. 이 회사의 이런 일이 나의 시간을 방해하는 게 아니라, 나의 경쟁력을 키우는 일이라고 생각하면 의미가 달라지는 것이다.

이러한 생각을 장착했다면 회사에서 나의 경쟁력을 쌓아갈 때에도 방법을 달리할 수 있다. 경상북도의 경제부지사를 지낸 이인선 계명대 교수는 회사 내에서 자신을 만들어가는 방법도 위와 같은 관점에 보면 좋다고 조언한다. 회사에서 원하는 부서가 있어서 바로 그리로 가고 싶다는 생각이 들어도 가고 싶다는 의사를 공개적으로 표명하면 지금 일하는 부서의 부서장에게 미움을 받을 것이고, 또 한꺼번에 여러 사람의 견제를 받게 된다. 이럴 때일수록 상황을 파악하는 것이 중요하다.

"가고 싶은 부서 사람에게 이야기를 하는 것보다 인사나 총무 쪽 사람에게 접근을 해서 자연스럽게 가고 싶은 부서의 상황을 알아봐야 하죠. 아무리 가고 싶어도 뭐 선발을 한다든지 아니면 언제 문제가 있다든지 정보를 미리 알아야지 무턱대고 가고 싶다 하면 껍죽거리는 사람처럼 보일 수 있지요. 그러면 내부에서 미움도 받고 오히려 자신이 가고 싶은 부서에 못 갈 수 있어요. 그런 눈치를 못 채게 하면서 내가 가고 싶은 부서에서 하는 일을 내 할 일이다 하고 슬쩍 도와주는 것도 좋은 방법이죠. 가고 싶은 부서에 이벤트가 생겨서 바쁜데 지나가는 말로 '내가 이거 해봤는데 도와줄까?' 아니면 '내가 지나면서 들렀는데 불이 켜져 있기에 먹을 것 좀 사왔어' 하면서 먹을 것을 갖다 준다든지 이런 센스를 가지고 있어야 해요. 내가 하고 싶다는 마음만 가지고 할 수 있는 일은 아니니까요."

나 자신의 성장만을 위해서가 아니라 회사와 나 서로에게 이익을 주는 방식이어야 한다. 우선은 회사에 대한 정보 수집이 필요하다. 회사의 이익이 내 이익과 부합하는지를 항상 살피면서 일을 기획해야 한다. 나의 입장만 강조하면 좋은 결론을 낼 수도 없을뿐더러 얻는 것보다 잃는 것이 더욱 많아진다.

회사 내에서 내가 좋지 못한 평가를 받았을 때도 나를 중심으로 생각하지 말고 회사를 중심으로 원인을 분석하고 생각해 봐야 한다. 단지 '내가 잘했는데 왜 떨어진 거야?'라고 분노하거나 '나는 왜 이럴까?'라고 자책하기는 그 어느 쪽도 권장할 만하지 않다. 분노나 자책, 혹은 소설을 쓰는 행위는 회사에도 나에게도 도움이 되지 않는다. 이때 필요한 것이 바로 '복기'다.

> 재능을 가진 상대를 넘어서는 방법은 노력뿐이다.
> 더 많이 집중하고 더 많이 생각하는 수밖에 없다.

> 바둑에는 '복기'라는 훌륭한 교사가 있다.
> 승리한 대국의 복기는 '이기는 습관'을 만들어주고
> 패배한 대국의 복기는 '이기는 준비'를 만들어준다.

이창호 9단의 말처럼 내가 하는 노력이 실패에 다다랐을 때 복기를 시작한다. 이인선 교수는 자신의 경험담에서 우러나온 이야기를 전해준다. 엄마가 딸에게 일러주듯이 말이다.

"단정하게 옷을 입고 떨어지는 과정을 다시 밟아 가야 해요. 떨어지고 나서도 그 사람한테 가서 떨어졌지만 왜 떨어졌는지 알고 싶어서 왔다고 말하면서 되짚어가는 거죠. 그럴 때는 약간 읍소하듯이 차분하게 옷을 입고 '이번에는 내가 이렇게 준비해서 이런 기회를 가지게 되었는데 힘들게 되었습니다. 그렇지만 다음에는 어떻게 준비하면 될까요?' 하고 물어보는 것이죠. 그 사람들이 나를 떨어뜨리는 데 역할을 했다고 하더라도 그것을 무시하고 내가 부족했다. 뭘 준비하면 좋겠는가? 그렇게 가는 거지요. 그러니까 엄청 자존심이 없는 사람처럼 보여도 그래도 다음에 성과를 얻으면 그것으로 자존심을 회복하는 거예요. 항상 가는 길목을 알아내야 하는데 그 알아낸 길목으로 다시 돌아가서 점검해야죠. 그 다음에 떨어져도 다 잘 됐다고 생각을 해요. '아유, 3수는 선택인데, 내가 3수를 했네' 그러면서 다음은 더 완벽하게 준비를 하는 거예요."

나는 이런 방법을 '헨젤과 그레텔 전략'이라고 이름을 붙였다. 헨젤과 그레텔을 숲속에 버리려고 하는 계모의 계략을 눈치챈 헨젤이 자신이 가는 길에 돌멩이나 과자를 떨어뜨려 나중에 돌아오는 길을 잊지 않고 집으로 돌아오는 목적을 달성한 것처럼 그렇게 복기하는 것이다.

면접시험에 수도 없이 떨어졌던 나는 면접관이 되었을 때 모든 시험이 끝나고 응시생들에게 말한 적이 있다. 개인적으로 내게 메일을 주면 이번에 무엇이 문제였는지 알려주겠다고 했지만 그 많은 응시생 중에서 내게 이유를 물었던 사람은 서너 명에 지나지 않았다. 당락이 중요한 사람들은 자신이 왜 떨어졌는지 관심이 없는 경우가 많다. 그러나 더욱 중요한 것은 '왜?'라는 것이다. 그 '왜?'의 정답은 회사의 관점에 부합하느냐는 것이다. 회사의 관점에서 무엇을 할 수 있을지 자신을 돌아보고 그 안에서 자신을 만들어갈 창의력을 발휘해보자.

겸손은
지랄이다

여름마다 아니 매년 다이어트를 준비한다. 여성마다 기준은 다르겠지만, 한 번만이라도 성공해서 원하는 스타일의 옷을 입어보고 싶다는 욕망이 있을 것이다. 내가 방송을 시작했던 17년 전부터 나의 할 일 리스트에 매일 올라오는 항목이 바로 '다이어트'이다.

왜 여성들은 다이어트에 목숨을 거는 걸까? 바로 예뻐지고 싶기 때문이다. 대부분의 여성들은 자신이 '못생겼다'고 생각하고 그리고 '뚱뚱하다'고 생각한다. 방송을 하면서 매일 만나는 그 아름다운 여성들도 대부분 자기가 뚱뚱하다고 생각하고 살을 빼야 한다고 생각한다. 남성들은 반대다. 자신들이 아주 잘생겼다고 여긴다. 정말 그것은 사실이 아니기 때문에 말 그대로 '여기는' 것이다. 남성들은 사실에 근거한 이야기를 잘한다고 알려져 있으나, 이 사실은 여성으로 살아가면서 도저히 이해할 수 없는 대목이다.

화장품 업계에서 자신의 커리어를 쌓아가고 있는 김미현 러쉬코리아 이사는 이런 경험을 들려주었다. 자신이 일하는 부서에서 영업실적을 달성한 부하 직원에게 축하의 말을 건넸다.

"목표 달성 축하해."

"아니에요. 더 잘할 수 있었는데."

그럼 속으로 '오! 겸손한데'라고 생각을 하게 된다. 그런데 다음번에 또 목표를 초과달성해 축하 인사를 건넸을 때도 똑같은 말이 돌아오면 가끔은 '혹시 정말 더 할 수 있었는데 목표를 저렇게 잡은 것인가?' 하는 의문을 갖게 된다. 그런데 그 다음에도 또 같은 답이 부메랑처럼 돌아온다면 의심은 확신이 된다.

김미현 이사의 이 설명을 들었을 때 놀랐다. '아! 그럴 수 있는 건가? 겸손은 미덕이 아니던가?' 싶었지만 적당한 겸손이 필요하다는 논리다. 겸손이 지나치면 자신이 발휘한 성과마저도 그저 그런 것으로 전락할 수 있기 때문이다. 물론 '적당히'라는 단어의 정도를 찾기가 쉬운 일은 아니지만, 계속해서 겸손이 미덕이라고 생각하여 자신을 드러내지 않는 것만이 진정한 미덕은 아니다.

아이를 가진 부하 직원이 앉아 있는 것을 보니 안쓰럽다. '많이 피곤할 텐데, 아이를 낳아보지 않은 사람이 어찌 그 마음을 알까? 아이고, 저 때가 가장 피곤할 텐데……' 얼른 정수기로 달려간다. 얼른 물을 한잔 떠서 책상 위에 놓아두면서 따뜻한 말 한마디를 건넨다.

"물 한잔 마시고 천천히 해. 물을 많이 마셔야 하는 거 알지?"

이렇게 착한 것은 좋은 것이다. 그러나 그 착한 일이 보상받지 못하기 때문에 사람들은 착하게만 살면 안 된다고 아이들에게 가르친다. '착하게 살면 안 된다'고 강조하는 것보다 그 착한 일이 칭찬받아 마땅하게 분위기를 만들어가는 것이 중요하다. 조직에서 착한 것은 소용이 없다고 하지만 착한 사람은 묻히는 경우가 대부분이기 때문에 그런 오해가 생긴다. 그렇다고 '착하게 살지 말자'라고 하는 것은 구더기 무서워서 장 못 담그는 것과 도대체 무엇이 다른가? 착한 것도 티를 내게 해주자. 선행을 하고 티를 내게 해주는 것이다. 그러면 회사 안에 흐름이 생긴다.

일단 착한 사람이 칭찬받고 장려받는 분위기가 만들어지기만 하면 아무 문제가 없어진다. 다수의 침묵이 이럴 때 힘을 발휘한다. 사람들 사이에 선한 질투와 칭찬받고 싶은 마음이 생기게 된다. 사람들은 알게 모르게 흐름을 의식하게 되고 선한 물줄기는 회사에 흐르면서 사람들의 마음을 식히고 시원하게 만들어준다.

러쉬 코리아에는 자뻑 퍼레이드가 펼쳐진다고 한다. 김미현 이사는 전국의 63개 매장에서 사용하는 프라이빗한 페이스북 페이지에 자뻑 퍼레이드 이벤트를 준비했다. 그 달에 가장 잘한 매장에서 매니저가 자신들의 성과를 자랑하는 자뻑 포스팅을 올린다. 그럼 주변에 있는 친구들이 진심으로 축하해준다. 그러나 단 이 모든 것이 다 함께 고생한 결과였음을 반드시 이야기한다. 누구한 사람의 기지나 아이디어로 이루어진 일이 아니라 우리 모두가 함께 땀 흘린 결과였음을 보여주는 것이다.

자뻑은 위기의 순간에 힘을 발휘하기도 한다. 영화판에서 신 (scene)이 자꾸 추가되면 제작자는 돈을 생각하지 않을 수가 없다. 그렇다고 열심히 잘 만들어보겠다는 감독을 자꾸 뜯어말리기만 할 수도 없는 노릇이다. 영화 〈도둑들〉과 〈암살〉을 제작한 케이퍼필름의 안수현 대표는 현장에서 문제가 생기면 끊임없이 생각한다고 한다. '어떻게 하면 문제를 해결할 수 있을까?' 하고.

물론 그때는 혼자가 아니다. 제작부에 함께 예산을 줄일 수 있는 방법이 있는지 찾아보라고 지시하고 또 협업하고 아이디어를 끊임없이 만들어내려고 한다. 감독들과 이야기를 하고 정 어려우면 배우들에게 SOS를 칠 때도 있다. 지금 상황을 설명하면서 '이 장면과 이 장면을 함께 찍어버리면 어떨까?' 하고 슬쩍 이야기를 건넨다. 배우들이 이해하고 스케줄을 조정해줘야 하는 일종의 딜이다. 하지만 그저 슬쩍 수다 떨듯이 그렇게 이야기를 전해본다. 아주 심각한 회의처럼 정색을 하고 이야기하면 다들 우울해질 수 있으니 가능한 한 '아주 대단한 일은 아니지만 잘 해결하면 좋을 것 같아' 하는 뉘앙스로 의사를 전달하는 것이다. 만일 '우리 지금 큰일 났어'라고 심각한 메시지를 전달하면 흥이 나야 하는 현장에서는 '우리 잘 못하고 있는 거였어?'라는 두려움을 갖게 되기 때문이다.

사실 영화는 넉 달이나 다섯 달 동안 '잘 나올 거야'라고 생각하고 찍어야 그나마 잘 나올 수 있다고 한다. 그래서 신나게 찍어야 하는 것이다. 그런데 자꾸 찍을 때마다 '잘 못 나온 거 같아'라는 공포감이나 두려움을 확신시킬 필요는 없다. 그렇게 공포가 느껴지기 시작하면 사람들은 경직되고 도망가고 싶어진다. '이거 별로인데, 책임지고 싶지 않다'는 마음들이 스멀스멀 올라온다. 그런데 '이게 잘 나올 것 같대.' 하는 이야기들을 들으면 나중에 '이거 내가 했다'고 이야기를 해야 하니까 열심히 하게 된다는 게 설명이다.

안수현 대표는 '영화는 자뻑에 빠져야 한다'고 말한다. 그 자아도취에 빠지지 않고서는 찍을 수가 없다. 영화는 아주 짧게 감정을 극대화해야 하는 상황의 연속이다. 그런데 극대화는 일상적인 잔잔한 것들을 다 생략해야 하는 상황으로, 너와 내가 일치가 되는 경험이 없이는 감정의 극대화를 이룰 수 없다. 일상적이지 않은 행동들을 '잘될 거야. 우리는 괜찮아'라는 마음으로 받아들일 때 새로운 것들이 불쑥 올라온다. 이렇게 자뻑은 스스로를 올려주기도 하고 위기에서 잘 버틸 수 있는 기둥이 되어주기도 한다.

화장실에서는
울어도 괜찮다

　　직장생활에서 함께 경쟁해야 하는 남성들이지만 남성들에게도 칭찬할 만한 대목이 있다. 바로 직장생활을 하는 데 있어서 입을 모아 강조하는 '책임감'이다. 가장이라 그런지 책임감 때문에라도 힘들고 더럽고 치사해도 잘 참아낸다. 남성들은 남자로서의 책임감을 강조하는 문화에서 어릴 때부터 성장하고, 군대를 갔다 오면서 조직생활에 필요한 인내심과 강단을 배우게 된다.

　　여성들에게 책임감이 없다는 것은 절대 아니다. 다만 회사의 조직원으로서의 '책임감'에 충실할 필요가 있다는 것이다. 여성들은 좀 더 감성적이고 감정적이서 조직 내에 트러블이 생겼을 때 감정에 치우친 판단을 많이 하게 된다. 경영자 입장에서 판단하여 키울 사람을 선택할 때 남성이 많은 이유가 바로 여기에 있지 않을까? 회사가 능력이 없어져 사람을 내보내는 한이 있더라도 회사가 원할 때까지 있어 줄 수 있는 남자를 더 원할 수도 있다.

방송국에서 처음으로 일을 할 때 나의 경험담이다. 프리랜서이긴 했지만 그렇게도 꿈꾸던 방송국에서 일을 하게 되었다. 꿈에 부풀어 있었던 것도 잠시, 남자친구가 다른 여자친구를 만나게 되었다면서 나에게 이별을 통보했다. 장거리 연애를 하는 중이라 달려가서 따귀를 때려 줄 수도 없고 그저 밤낮으로 울어댔다. 밥을 먹다가도 울고 일을 하다가 울고 너무 울어서 매일 얼굴이 부어 있었다. 어쩜 그렇게 철이 없었는지……. 온 동네 아니 라디오국 전체가 남자친구와 헤어졌다는 사실을 알았다. 처음에 다들 위로해주었지만, 시간이 지날수록 나를 보는 시선이 달갑지 않았다는 것을 알게 되었다. 지금 생각해도 정말 얼굴이 화끈거리는 일이다.

일을 하다가 울어버리면 정말 난감하다. 여성들의 풍부한 감성은 정말 좋은 무기다. 공감을 잘할 수 있다는 것은 어떤 분야든 도움이 되는 일이다. 사람이 일을 하는 곳에 공감이라는 기름칠이 들어가면 무슨 일이든 수월하다. 딱딱한 업무를 주고받는 사이일지라도 아이 엄마라는 공감대가 생겨 몇 마디 주고받다 보면 서로를 이해하고 일을 추진해나갈 수 있다. 저녁에 내가 보낸 메일을 못 본다고 할지라도 꼬맹이가 있는 집에서 컴퓨터를 켜기란 얼마나 어려운지 알고 있으니 일정도 미리 조절하고 소통하는 시간도 잘 선택할 수 있다. 이렇듯 공감은 중요한 일인데 상대방을 공감해주는 것은 무기가 될 수 있지만 나를 공감해주길 바라는 눈빛은 상대방을 부담스럽게 한다. 뭘 그렇게까지 냉정하게 말을 하냐고 하겠지만 윗사람이 되어 부하직원들을 대하다 보면 생각은 달라진다. 본인은 혼자이지만 그 상사는 다른 부하직원들도 상대한다는 사실을 잊어서는 안 된다. 울며불며 호소하는 사람이 본인 한 사람이 아닐 수 있고 그렇지 않은 다른 사람과 비교를 할 수 있으며, 무엇보다 해낼 수 없다는 '무능력'으로 비쳐진다는 점이다. 차라리 어렵다고 이야기를 할지언정 사람들이 보는 곳에서 울어서는 안 된다.

ABC뉴스 서울 지국을 맡고 있는 조주희 지국장에 따르면 미국 본사의 경우 감정적인 부분 대한 시스템이 잘되어 있다고 한다. 화가 나는 것을 주체하지 못해서 소리를 막 지른다거나 주변 사람들에게 신경질을 부린다면 평가에 반드시 반영된다고 한다. 윗사람이 아랫사람을 평가하고 아랫사람이 윗사람을 평가하는 과정에서 이런 문제가 지적되면 인사 부서쪽에서는 굉장히 심각하게 생각을 한다. 그 사람의 직급에 관련 없이 이렇게 감정 콘트롤의 문제가 지적이 되면 적절한 치료를 받으라는 권고가 나온다. 어떤 문제가 있는지 심리 상담을 받으라는 이야기다. 방송국이라

생방송으로 뉴스를 내보내는 상황에서 감정적인 일이 벌어지면 상황이 심각해지기 때문이다. 비록 방송하는 일이 아니라고 할지라도 회사에 엄청난 손실을 가져올 수 있기 때문에 관리하는 것이 당연하다.

열정적인 우리의 품성 때문인지 우리나라는 그리 심각하게 인지하지 않고 지나간다. 조직에서도 '그런 일로 무슨 치료까지?'라고 넘어간다. 가끔 서류 뭉치가 날아다녀도 '부장님이니까' 하고 지나간다. 그러나 미국에서는 절대 용납이 안 되는 일이라고 여긴다. 그렇게 감정 콘트롤이 잘 안 되면서 무슨 일을 하냐는 것이 미국 회사들의 문화이다.

이 관점에서 보자면 여성들이 개인적인 문제로 회사에서 감정을 표출한다는 것이 얼마나 프로답지 못한지 생각해야 한다. 우는 데도 요령이 있다. 일을 하다 보면 좌절하는 순간도 있고, 억울한 순간도 있다. 그럴 때 눈물이 왈칵 나기도 한다. 우는 자체가 잘못이 아니라 보이는 데서 울지 말라는 것이다. 화장실에서 우는 것은 괜찮다. 절대로 내가 우는 것을 티를 내면 안 된다. 그렇게 티를 내며 우는 행동이 얼마나 어리석은 일인지 알아야 한다. 조주희 지국장은 여성들을 만날 때마다 이 내용을 강조한다. '부장님의 버럭'에 관대할 수 없듯 '눈물'에도 관대하지 말자는 것이다.

그녀는 우리나라 일일 드라마에서 봤을 때 왜 이렇게 물 뿌리고 따귀를 때리는 장면이 많은지 의아했다고 한다. 따귀 때리는 장면과 우는 장면, 그리고 물 뿌리는 장면이 너무 많다는 것이다. 버럭 하고 걸핏하면 화를 내는 쪽도, 툭 하고 눈물을 흘리는 쪽도 회사 입장에서 보면 바람직하지 않은 점을 강조한다.

그럼 부장님이 버럭 한다고 벙어리 3년, 귀머거리 3년처럼 살라는 것인가? 그게 정답이 아니라 감정을 언제 어디서 어떻게 표현하는지가 무척이나 중요하다. 부장님이라도 대부분의 경우는 본인이 무엇을 잘못했는지 알고 있다. 그런데 그의 잘못을 그 자리에서 딱 지적할 수는 없지만, 표현은 해야 한다. 단, 감정적인 언사여서는 안 된다. 지나친 비유일 수 있겠지만 조주희 지국장은 도둑질한 사람한테 도둑질을 했는지 물으면 "답을 해줄 것 같나?" 하고 웃으며 말한다. 그런 경우는 아무도 없는 곳에서 두 사람이 만나 웃으면서 이야기를 시작해야 한다고 조언한다. 웃는 얼굴에 침을 뱉을 사람은 없다. 우선 시작은 웃으면서 칭찬으로 문을 연다. 버럭 화를 내며 자신의 권위를 과시하고 싶은 사람은 '인정받고 싶다'는 다른 표현이 될 수 있다. 우선 인정해준다는 제스처를 보여줘야 한다. 조 지국장은 이것이 포인트라고 일러준다.

"인정해주는 거예요. '너무 좋으시다고.' 약간이 과장이 있을 수도 있겠죠. '지금도 너무 좋아요. 다 좋으시고, 아버지 같으시고, 다 챙겨주셔서 너무 감사해요'라고. 이렇게 이야기를 해서 기분이 좀 좋아지고 나면, '그런데요……' 하면서 이야기를 시작하는 거죠. '혹시 제가 마음에 안 들더라도 좀 예쁘게 봐주세요. 제가 모자라기는 하지만 너무 그러시면 제가 좀 힘들어요.' 이렇게까지 말을 하는데 '너 죽었어' 이럴 사람은 없어요. 그런데 그렇게 이야기하기까지 도를 닦고 가야 하는 것이죠. 왜냐하면 내 얼굴에서 정말 그렇게 티가 나지 않아야 하니까요. 정말로 그 부장을 좋아하고 저 사람을 존경하고 우리 직원들이 다 좋아한다는 말이 얼굴에서는 진실로 보여야 한다는 거죠."

직장생활을 오래한 역전의 용사들은 아랫사람이 와서 그 이야기를 할 때 그 마음이 보인다고 한다. 아랫사람이 진심도 아닌데 설레발을 치네 하는 게 느껴지면 끝이다. 그런 마음을 안 보이게 하려면 정말로 그렇게 마음을 먹어야 한다고 조언한다. "연기를 잘해야 하는 것인가요?"라는 나의 물음에 그녀는 이렇게 말했다.

"저는 그런 것을 겪으면서 연기한 적은 없어요. 내가 진짜 그렇게 생각을 했어요. 다 사람마다 단점이 있고 장점이 있는 거예요. 나는 그 부장이 마음에 안 들고 열 받고 진짜 한 달 동안 나를 괴롭혀 가지고 죽여 버려야지 이렇게 생각을 하다가도, '저 사람은 저럴 수밖에 없는 무슨 사정이 있을 거야. 하다못해 자라면서 그런 영향을 받았을 거야' 이렇게 생각하면서 그의 사정을 이해해줄 수는 있죠. 받아들일 필요는 없어요. 내가 보기에는 조금 이상한 행동을 할 때 그 사람을 이해해주면 다가가서 이야기하기가 쉬워져요."

그 사람이 그럴 수밖에 없는 사정이라고 생각하면 내 감정에 날이 서거나 감정적으로 흥분하거나 하는 일들이 가라앉을 수밖에 없다는 지적이다.

눈물에 대한 처방도 마찬가지다. 그녀의 책 『아름답게 욕망하라』에 보면 남북정상회담을 취재할 당시의 이야기가 나온다. 가족 상봉의 그 애끓는 장면을 생생히 전하면서도 울지 않으려고 노력했다는 대목. 어떻게 그럴 수 있었냐는 나의 질문에 돌아온 답은 바로 '훈련'이었다. 훈련을 하되 많이 해야 한다는 답이었다. 어디를 가서 무엇을 접하든 눈물이 차고 울컥한 상황은 얼마든지 생길 수 있다고 한다. 눈에 눈물이 차는 것이 느껴진다고. 그럴 때면 자신에게 말을 건다고 한다. '안 돼. 휘둘리지 말자. 휘둘리지 말자. 지금 슬픈 게 중요한 것이 아니라 상황이 어떻게 되는 것인지 파악을 해야 돼.' 감정보다 머리를 쓰려고 노력하고, 뇌를 움직이면서 그 상황을 파악하고 분석하는 데 시간을 보내는 것이다.

회사에서 상사가 사람들이 다 있는 데서 집어 던지고 소리 지르고 "너는 머리가 돌대가리냐!"고 닦아세우면 사람들이 다 쳐다보고 너무 창피하니까 눈물이 나고 울컥할 수밖에 없다. 이럴 때 '내가 눈물을 보이는 순간, 내가 지는 거다'라고 하면서 나를 자꾸 채찍질하라고 조언한다. '참자. 참자' 이렇게 나를 격려하면서 이 일을 어떻게 마무리할지 생각해야 한다는 것이었다.

나는 궁금했다. 어떻게 그렇게 감정이 분수처럼 솟아오르는 순간에 감정을 진정시킬 수 있는지. 어떻게 하면 깊은 내공이 길러질 수 있냐고 물었다.

"많이 겪어봐야 해요. 어렸을 때부터, 직장생활을 처음 시작할 때부터 '아, 내게 이런 게 올 거야. 이럴 때 이런 훈련을 스스로 해야지'처럼 마음의 준비를 하고 있는 것과 전혀 그런 거에 대해서 생각을 안 하고 있다가 '내가 왜 이렇게 눈물이 많지? 아, 이제부터 울지 말아야지' 이거랑은 다르거든요. 준비를 하고 있어야 돼요. '내가 훈련하는 시간이 오는 거야. 오는 거야'라고 딱 준비를 하고 있다가 해보는 거죠. 처음에는 잘 안 돼요. 내 감정인데도 어떻게 할 수가 없어요. 얼굴도 속상하면 빨개지고 열 받으면 목소리 톤 자체가 달라지는데요. 그러니까 훈련해야 돼요."

멋진 말이긴 하지만 "언제 그렇게 되나요?" 하며 웃는 나에게 지금은 감정 노출이 적어서 심지어는 '수퍼 드라이'라는 별명을 가진 조주희 지국장도 "나도 20대, 피가 펄펄 끓던 그때에는 그것이 어려웠다"며 웃는다. 그러니 나를 다그치지 말고 한번 도전해보자.

열심히
살지 말아라

안수현 케이퍼필름 대표는 우리나라 여성 제작자의
시대를 열었다. 〈4인용 식탁〉이나 〈너는 내 운명〉의 프로듀서이
자 〈박쥐〉와 〈푸른 소금〉의 제작자로 알려진 안수현 대표는 남편
인 최동훈 감독과 제작한 영화가 연달아 천만 관객을 동원하면서
히트 아이콘이 되었다. 100억 넘는 제작비를 투입해서 영화를 만
들고 수많은 스텝을 진두지휘하는 그녀의 비결이 궁금했다.

'돈'과 '사람'이라 가장 다루기 어려운 두 가지를 능수능란하게
다뤄내는 그녀만의 비결이 뭘까? 대한민국에서 가장 기호가 분명
한 영화계의 사람들을 다룬다는 것이 어떤 것일까? 조언을 부탁

한 내게 그녀는 무책임해 보일지 모르겠지만 '너무 열심히 살지 말라'고 말하고 싶다고 했다.

비가 부슬부슬 내리는 한 여름의 이화동 사무실은 무척이나 운치가 있었다. 만면에 웃음을 띠고 여유롭게 이야기를 풀어내는 영화계 언니의 모습은 참 부러웠다. 나도 저런 여유를 가질 수 있게 될 날이 올까?

"열심히 사는 것보다 내가 좋아하는 것을 찾으려 하는 게 더 중요해요. 그래서 그거 찾으면 열심히 살아져요. 그런데 그게 안 찾아지면 열심히 살라는 것은 정말 강요예요. 그런데 우리 인생이 '열심히 살아야 돼'부터 시작하니까 어려운 거 아닐까요? 사람들이 '열심히 해야지'라고 말하지 '너 뭐 좋아하니?' 이렇게는 안 물어보잖아요."

아! 그렇다. 열심히는 내가 열심히 하고 싶다고 해서 되어지는 것은 절대 아니다. 나는 하루에도 몇 번씩이나 휴대전화를 찾아댈 정도로 건망증이 심하다. 다섯 살배기 우리 딸에게 물었다.

"율아! 엄마 휴대전화 어딨어?"

"또 잃어버렸어? 엄마가 잊어버렸으니까 엄마가 찾아."

우리 딸의 현명한 대답. 그런데 방송을 준비하거나 행사를 준비할 때 중요한 것을 잊어버리고 찾아 헤매는 경우는 그리 많지 않다. 남편이 신기해할 정도로. 그리고 나는 부지런한 사람은 아니지만 일을 할 때는 이것저것 별 걸 다 챙겨본다.

안수현 대표의 지적이 맞다. 열심히 사는 것이 먼저가 아니라 열심히 몸이 움직일 수 있게 만들어주는 좋아하는 것을 찾아야 한다. 안 대표의 이야기 중 아주 인상 깊었던 조언은 '우선 세상과 화해를 하라'는 것이었다. 그녀의 이야기를 들어보자.

"여자들은 근본적으로 세상과 화해를 해야 해요. 너무 처음부터 '세상과 우리는 적이야'라고 생각하는 출발점에 있었기 때문이에요. 물론 요즘에는 여성 평등 사회이고 학교 다닐 때도 이미 여자들이 남자들보다 더 우월한 성적을 점하고 있다지만, 그래도 인류 역사상에 만들어 온 히스토리가 여자들이 처음 세상에 딱 나갈 때 이미 '세상과 싸워야지!'로 시작하게 되거든요. 반면에 남자들은 '세상을 먹어야지!'라고 생각해요. '세상아! 기다려라. 내가 먹어주마' 이러는데, 여자들은 '세상과 내가 싸워야지!' 이렇게 시작하는 거 같아요. 경직된 사람이 이기기는 쉽지 않으니 여성들은 우선 세상과 화해를 해야 해요."

한 나의 지인은 이렇게 말한다. 여성들이 직장 내에서 너무 완벽하려고 하는 경향이 강하다고. 여성으로 경제부지사를 지냈던 이인선 계명대 교수도 좀 더 멀리 보라고 이야기한다. 여성의 경우 차별을 받는다고 느끼는 순간, 속은 답답하지만 당장은 해결할 수가 없다. 그럴 때 항상 멀리 보고 내가 당하는 무시나 소외감, 자존심 상하는 것을 그때 대결하려고 하면 지는 경우가 더 많음을 기억하라고 조언한다. 이미 지고 있는 판세에서는 생각할 필요조차 없다. 그렇게 생각해야 그 상황을 받아들이고 한 발짝이라도 나아갈 수 있다. '그렇게 생각할 수도 있겠다. 나를 평가하는 사람은 그렇게 생각할 수 있겠다. 그러니 나는 좀 더 좋은 결과물을 만들어야지' 하는 생각으로 마음을 돌려 먹어야 한다. 온몸에 힘이 들어가 있는 사람이 그런 결정을 내리기 어렵다. 희한하게도 한 가지 목표가 생기면 다른 길은 전혀 보이지 않는다.

'이렇게 하는 편이 나에게 더 좋은 옷을 입혀주는 것이다'라고 생각하면서 좀 더 여유 있게 기다려야 한다. 때로는 사람들이 나를 향해 보내는 동정의 시선까지도 견딜 수 있어야 한다. 불쌍해 보이고 안 돼 보이고 쳐져 보이는 그 시선도 '다음 차례를 기다려 봐'라고 되뇌이며 견디고 상황을 여유 있게 지켜볼 수 있게 된다.

이런 상황을 이인선 교수는 권투 시합에 비유했다. 권투 선수가 권투를 하는데 때리는 사람도 힘이 빠질 테고 맞는 사람은 아프면 힘이 좀 빠지겠지만 내가 힘을 다 잃지 않는 한, 쓰러지지 않은 한 기회는 있는 것이다. 내가 쓰러지지만 않는다면 상대방이 결국 힘이 빠지고 어느 날 내가 한 펀치를 날릴 수 있으니 '그래, 때리면 맞아주지'라는 심정으로 대하다 보면 오히려 여유가 생길 것이라고 말한다.

30여 년의 긴 세월 동안 공무원 사회와 대학이라는 조직에서 몸담으면 자신을 갈고 닦아 날을 세웠던 그녀의 세월이 느껴지는 해답이었다. 그녀의 한마디가 내 마음에 펀치를 날렸다.

제거당하지 않으면
다시 살 수 있다

　　　　리우 올림픽에서 가장 감동을 주었던 사람은 바로 펜싱에 출전했던 박상영 선수였다. 결승전 당시 폐색이 짙었던 박상영 선수. 모두가 경기를 뒤집기에는 역부족이라고 생각했던 그 순간 관중석의 누군가가 박상영 선수가 들리도록 크게 외친다.

　　"할 수 있다."

　　그러자 그 말에 고개를 끄덕이며 박상영 선수는 중얼거리기 시작한다.

　　"할 수 있다. 할 수 있다."

　　경기의 흐름은 돌아서기 시작한다. 그날따라 공격이 주 무기인

임레 선수가 수비를 강화하니 박상영 선수는 더 조급하게 공격적일 수밖에 없었다고 한다. 할 수 있다 그 한마디에 정신을 차리고 칼끝을 잘 가다듬는다. 입으로 중얼거리는 젊음 검객의 작은 다짐에 대한민국 국민은 모두 한 방 깊숙이 찔렸다. 뜨거운 눈물덩이가 올라와 왈칵 쏟아졌다. 또 하나 힘찬 외침이 들린다.

"하나만 더, 하나만 더."

차근차근 점수를 쌓아 연속 5득점으로 대역전을 만들어낸다. 관객석에서 들린 외침.

"박상영 파이팅."

우리는 그날을 모두 다 기억하고 있다. 함께 그를 응원하며 마음으로 울었다.

박상영에게는 든든한 백그라운드도, 뛰어난 재능도 없다. 그는 "어려서부터 운동을 좋아했지만 잘하지는 못했다. 선천적인 재능은 기껏해야 1~2퍼센트 정도다"라고 말했다. 국가대표 선수들과 근력·유연성 등 기초 체력 테스트를 하면 그는 항상 하위권에 속했다. 그러나 주위 사람들은 "박상영이 올림픽 메달을 딸 거라고 생각했다. 리우 올림픽이 아니더라도 언젠가는 해낼 거라고 믿었다"라고 말했다고 한다. 박상영이 얼마나 노력하는지를 잘 알기 때문이다.

(중략)

그래서 박상영은 체념 세대에게 자신 있게 말한다. "안 된다는 기준은 자신이 만든 것이다. 이번에 안 되면 다음이 있다. 또 그 다음이 있다. 한계를 정하지 말았으면 좋겠다. 포기하지 않으면 기회는 반드시 온다."

<중앙일보> 2016년 8월 24일자 인터뷰 중에서

폐색이 짙은 순간, 마음에 절망이 내릴 때 관객 중 누구인지 모르지만 할 수 있다고 외쳐준 것처럼 우리 자신에게도 외쳐주자. '할 수 있다, 할 수 있다', '하나만 더, 하나만 더' 여유 있게 멀리 보고 '내가 쓰러지지만 않으면 기회는 있다. 있다' 이렇게. '혹 지더라도 다음에 이기면 된다. 이기면 된다' 이렇게.

대기업의 임원을 10년씩이나 지내면서 늘 '최초의 여성'이라는 수식어를 달고 살았던 최명화 대표는 고려대학교 불문과를 졸업했다. 미국 버지니아에서 소비자 행동론으로 박사학위를 받았다. 유학 시절 학부 백드라운드와 전공을 달라 무척이나 고생했다고 한다. 그리고 콤플렉스로 고생을 했다. 어느 날 한 교수가 수업시간에 최명화 대표를 불렀다. 그리고 그녀가 제출한 시험 답안지에 대해 '시각이 남다르다'고 코멘트 했다고 한다. 이 일로 콤플렉스는 자신감으로 바뀌었다고 한다. 그는 대학에서 전공이 다른 사람이 그 분야에서 일을 하면 불리하다는 것도 일종의 프레임으로 볼 수 있다고 했다. 오히려 그녀는 전공이 다르기 때문에 융합적인 사고를 할 수 있었고 약점이 강점이 되었다고 기억했다.

《더 스쿠프 – 이필재 인사이트》 2016년 10월 13일자 인터뷰 중에서

그녀가 판단하기에 대기업에 여성 임원이 드문 것은 부장이 될 때까지 '젖은 낙엽'처럼 버티는 여자가 적어서이다. 능력이 모자라서가 아니다. 임원 승진을 시킬 인원 자체가 적기 때문이다. 사회적 제약도 있지만 그것은 부차적인 문제라고 볼 수 있다는 것이 그녀의 견해다. 회사는 돈을 주고 나의 능력을 사는 것이니 '일을 중심으로 나를 재디자인하고 나머지는 융합을 하라'고 제안했다. 또한 일과 삶의 밸런스를 유지하는 비장의 무기란 없으니 나를 이해하고 자신의 민낯을 있는 그대로 대해보라고 한다. 박효신의 노래 가사처럼 지금은 걸어가더라도 나중에는 뛰어갈 수 있다. 그러니 젖은 낙엽처럼 붙어 있어 보자. 그러다 보면 언젠가 나도 뛰어 올라 무대의 중앙에 서는 날이 올 것이다.

아나운서라는 직업은 겉에서 보면 화려해 보인다. 실상은 끊임없이 물 밑에서 버둥거리는 백조와 전혀 다를 바가 없다. 내가 처음 운이 좋게 아나운서가 되었을 때 정말 뛸 듯이 기뻤다. 대한민국은 그때 IMF 금융위기로 아우성이었다. 평소에도 한두 명 뽑던 아나운서를 아예 채용하지 않는 곳도 많았는데, 합격을 했으니 정

말 행복했다. 그런데 그건 딱 일주일이었다.

　출근하고 선배님들의 조언을 들을 때는 '우리들의 행복한 시간' 이었다. 허니문 기간이 끝나자마자 냉정한 평가가 돌아왔다. 입사 동기는 세 명 모두 여자. 지방 방송국의 제작 프로그램은 제한되어 있고, 프로그램 숫자에 비해 여자 아나운서의 숫자는 많았다. 나는 뉴스 진행을 해보고 싶었다. 그런데 입사해서 3년 동안 뉴스 진행할 기회가 돌아오지 않았다. 입사 동기들은 방송 경험이 거의 없는데도 뉴스 프로그램 앵커가 되었지만, 나는 이미지가 어울리지 않는다는 이유로 3년 동안 기회가 없었다. 그 당시 나의 업무는 야외 촬영, 라디오 프로그램 제작 진행이었다. 방송을 할 수 있는 것만으로 참 행복한 일이었지만, 스튜디오 안에서 진행하는 뉴스와 달리 추우면 추운 대로 더우면 더운 대로 고생스런 야외 촬영을 다녀야 하는 일은 고역이었다. 당시 뉴스 진행은 수당이 따로 있어서 월급도 한 달에 20퍼센트 정도 차이가 났다. 속상했다. 내가 뉴스 진행을 맡을 수 없는 이유가 '이미지가 너무 밝아서 뉴스에 어울리지 않는다'는 것이었다. 시사 프로그램을 7년 넘게 진행한 지금 생각해보면 잘 납득이 안 되는 이유기는 하지만, 이미지가 어울리지 않아서 기회가 없다는 것만큼 좌절감을 느끼게 하는 이유는 없다. 발음이나 뉴스 실력은 바꿀 수 있지만, 밝은 이미지를 도대체 어떻게 바꿔야 할까? 그 당시 한 임원분이 나한테

　"언경씨는 뉴스를 하다가 웃을 것 같아."

말했다. 기가 막혔다. 내가 바보가 아닌 다음에 심각한 뉴스를 하면서 '샐쭉' 웃어버린단 말인가? 억울한 마음이 쌓였지만, 묵묵히 나의 일을 했다. 그렇게 3년이 흘렀다.

보도국내 인사 발령이 있었다. 새로운 보도국장님이 나를 부르셨다.

"너 뉴스 해볼래?"

"네?"

"내가 보기에는 너는 뉴스가 제일 잘 어울리는데 왜 뉴스를 안 했어?"

"아직 기회가 없었습니다."

"다음 주부터 저녁 뉴스 맡아서 해봐."

정말 기뻤다. 나에게도 이런 기회가 오리라고는 상상도 못하고 포기하고 있었는데 기회가 나를 찾아오다니. 그렇게 시작한 뉴스를 나는 퇴사하기 직전까지 쉬지 않고 진행했다. 지금 뉴스 진행과 시사 프로그램 진행은 내 이미지가 되었다. 시사 프로그램 진행자가 되면서 새로 개국하는 방송국에 스카웃이 되는 행운도 얻었다. 비정규직 8년 만에 정규직 아나운서가 되는 '기적'도 맛보았다. 만약 내가 그 일을 포기했더라면 지금의 나는 없었을 것이다. 지금의 나는 유명하고 대단한 사람은 아니다. 그저 하고 싶은 일을 마음껏 하고 살았던 한 사람일뿐이다. 내 또래에 실제로 방송을 이어가고 있는 사람이 많지 않은 걸 보면 참 운이 좋았다.

전 경북 경제부지사였던 이인선 계명대 교수는 남성 중심적인 사회에서 자신이 이길 수 있었던 비결 중의 하나를 '제거되지만 않으면 다시 살 수 있다'를 들었다. 처음에 자신의 능력을 믿지 않았던 사람들도 꾸준히 준비하고 있다가 자신의 성과를 보여주면 태도가 달라지더라는 것이다. 매번 이길 수는 없다. 조급하게 달려가는 마음을 누그러뜨리고 이번에는 성과가 좋지 않더라도 박상영 선수에게 누군가 외쳐주었던 것처럼 '하나만 더, 하나만 더!'를 외쳐주자. 혹 내가 경쟁에서 패했다고 할지라도 혹 내가 현재 좋지 않은 평가를 받고 있어 대세를 거스를 수 없는 것처럼 느껴지더라도 끝날 때까지 끝난 것이 아니다.

어쩌다
승진

올해 전국 경제인 연합회에서 발표한 자료를 보면 우리나라 매출액 상위 600대 상장기업 중 최근 5년간(2011~15년) 남녀 직원 분석이 가능한 524개 기업의 지난해 여성 직원 비율은 21.6퍼센트에 불과했다. 여성 직원 비율은 2011년 20.6퍼센트에서 2012년 20.5퍼센트로 줄었다가, 2013년 21.1퍼센트, 2014년 21.4퍼센트 등으로 증가했을 뿐이었다. 인원으로 보면 2011년 20만 7,941명에서 지난해 23만 5,171명으로 2만 7,000여 명 늘어난 게 고작이다. 해마다 쏟아지는 여대생이 몇 명인데 이게 말이 되는 통계인가 싶어 눈을 씻고 다시 찾아보았다.

우리나라에서 여성 공채를 실시한 지 이제 겨우 30년이 되었을 뿐이다. 1980년대 여성 인력은 사무보조 역할을 수행하거나 대졸 여성 별도 채용으로 홍보번역·사서·비서 등 특정 직종 위주에 머물렀다.

30년 전인 1986년, 대우그룹 대졸 여성 공채 1기가 시작되었다. 굉장히 획기적인 일이라 뉴스에 날 정도였다고 한다. 그 당시 대기업들은 대졸 여성 공채를 하지 않았다. 대부분 특채나 경력직으로 채용했다고 한다. 내로라하는 여대생 출신들이 대거 몰렸고 문과 100명, 이과 100명을 뽑았다고 알려져 있다. 1990년대 들어 주요 기업들이 대졸 채용할 때 남녀 구분 없는 공개채용을 하면서 여성들이 조직 내 뿌리를 내리기 시작하였다. 여성 인력들이 중간관리자급으로 승진하거나 여성 임원들이 탄생하기 시작한 것도 겨우 2000년대 들어서면서부터다. 우리나라에 성공한 여성 CEO들이나 임원들이 많지 않은 것은 시간이 너무 짧기 때문이기도 하다.

최명화 대표를 뜨거운 여름날 만났다. 맥킨지와 LG전자, 두산을 거쳐 현대자동차 마케팅 전략실장을 지낸 최 대표는 연신 냉수를 들이키며 자신이 입사시험 치르던 시절의 이야기를 들려주었다. 그녀가 졸업할 당시도 앞서 말한 것처럼 공채에 여성이 포함되지 않았다고 한다. 졸업할 무렵 모 대기업 빌딩에 원서를 접수하러 갔더니 남자 직원이 엄청 미안한 표정으로 말했다고 한다. "남자 직원만 공채를 합니다" 하고. 입사하는 것 자체가 저토록 전쟁인데 승진이라니. 그녀가 일하는 마케팅 분야에서도 상황은 마찬가지다.

"마케팅 분야에선 남녀 막론하고 수많은 사람이 일합니다. 그런데 남성과 여성의 업무 목표가 달라요. 남성은 '이왕 회사 다닐 거면 별(임원) 한번 달아야 한다.'는 생각으로 뛰지만, 여성은 '내가 무슨 임원이 될 수 있겠어.'라고 지레 포기하죠."

《한국경제》 2016년 5월 16일자 인터뷰 중에서

"여성은 때로는 자신에게 지나치게 가혹하기도 하고, 때로는 너무나 너그럽습니다. 이걸 극복할 수 있는 마인드 컨트롤이 중요합니다"라고 말하면서 "나는 이런 말을 해줄 여성 선배가 없어서 항상 막막했어요" 하고 털어놓았다. 그녀는 직장에 들어갔을 때 '리더가 되어야겠다'며 마음을 먹었다고 한다. 그런데 바라볼 선배가 없었다. 너무 남성답거나 행복해 보이지 않았던 것이다. '그렇게 하면서까지 과연 리더가 될 것인가?' 하는 의문이 있었고, 숫자가 적기도 했지만 그 마저도 윗선의 눈에 잘 들어서 올라간 경우라 본인이 롤모델로 삼고 싶었던 사람이 없었다고 한다.

남성과 여성의 차이에 대한 최명화 대표의 설명은 설득력 있게 다가왔다. 프로이트에 의하면 여성은 여성성에 가까울 때 가장 행복함을 느낀다고 한다. 그런데 그 여성성이라는 건 안정과 보존을 추구하게 되어 있다. 아이를 길러야 하는 엄마로서의 역할이 주어져 있기 때문이 아닐까 하고 최명화 대표는 분석했다. 이를 직장생활에서 투영해보면 평화로운 직장생활에서 여성들은 좋은 결과를 내왔다. 그런데 앞날이 불투명하거나 사안이 복잡할 때는 여성들은 도전적인 태도보다는 오히려 방어적인 기제를 발휘한다. 성과가 덜 나는 것이다. 또 미래의 불확실성으로부터 가족을 보호해야 한다는 본능이 안정 지향적인 성향을 선사하다 보니 눈앞의 일은 열심히 하더라도 사회적 관계에 대한 투자를 소홀히 하게 된다. 나는 그 얘기에 뜨끔했다. 일만 잘하면 되지 뭐가 문제냐고 늘 투덜댔던 나였기 때문이다.

사회적 관계를 만드는 일에 소홀하다 보면 사람으로 위기를 넘어야 하는 순간에 딱 벽에 부딪히게 된다. 언젠가는 승진을 할 것이고 업무 말고 사람을 잘 관리해야 하는 순간도 온다. 그 미래를 내다보고 차근차근 자신의 근육을 키워야 하는데 덜컥 어쩌다 승진을 하면 모든 것이 후회가 된다. 그러므로 '나는 직장인으로서 어느 정도의 선까지 성장할 것인가?'를 고민해볼 필요가 있다. 이 고민에 대해 미리 준비하지 않고는 좋은 결과를 낼 수 없다. 목표점이 없는 비행기가 어떻게 가장 빠른 루트를 선정해 도착할 수 있겠는가?

커피를 나누어 마시던 선배가 이런 이야기를 했다. 이제는 언론사에서 중견 간부가 되어 있는 선배였다. 그녀는 자신이 이렇게 오랫동안 언론사에 근무할지도 몰랐고 승진을 할 거라는 예상조차 하지 못했다고 했다. 그녀가 기자가 되던 시절 '여자 기자' 자체가 귀하던 시절이었다. 당장 가슴앓이를 해내기도 벅찼을 것이다. '어떻게 하면 잠을 좀 자고 밥이라고 편하게 먹을 수 있을까?' 걱정하기도 바쁜데 승진을 한다거나 리더가 된다는 것은 상상조차 할 수 없었을 것이다. '수습기자를 벗어날 수 있을까?' 하는 고민이 머릿속을 계속 맴돌던 시절이었을 것이다. 괜찮은 선배 기자가 되는 일을 상상하며 하루하루를 버티지 않았을까?

남자 선배들 사이에서 자신의 자리를 지키고 있는 여자 선배들만 봐도 그저 고맙기만 했다고 한다. 그냥 선배로 남아주기만 해달라고 했다. 누가 좋은 선배인지 나쁜 선배인지 구분할 겨를조차 없었다고 한다. 영화 〈여자라는 이유만으로〉의 제목처럼 어깨를 대고만 있어도 충분히 위로가 되던 시절이었다고 한다. '이 수습을 벗어나고 나면 결혼도 해야 하는데, 아이도 낳아야 하는데. 이 문제를 다 어쩌란 말인가? 생각하면 머리가 너무 지끈지끈 아프니까 여기까지 하자' 이러면서 하루하루를 버티는 데 급급하면서 살아왔다.

아마 그 시절은 그랬으리라. 내가 처음 아나운서가 되었을 때 우리 부서장님이 나를 부르던 호칭은 '미스 리'였다. 곧 밀레니엄이 코앞에 다가온다며 사람들이 떠들던 시절이었다. 방송국 외부에서 손님이 오시면 우리 동기들과 나를 미스 김, 미스 리, 미스 박으로 부르고 커피를 타오라고 심부름을 시켰다. 물론 회사에 손님이 오면 커피 심부름을 할 수 있다. 하지만 나는 그 회사 있는 내내 남자 기자 후배들에게 부서장님이 커피 심부름을 시키는 것을 한 번도 본 적이 없었다. 과학기술이 진보하듯 사람들의 생각도 진보하면 좋으련만 세상이 변하는 데는 진통과 고민이 따르게 마련인가 보다.

나는 그때 승진이라는 것을 포기하고 살았다. 여자 부장님은 경리부서에 한 분이 계셨고, 아나운서 남자 선배들도 승진하기가 어려웠던 시절이었다. 방송을 하면서 스포트라이트를 받기는 하지만 그러다 만다. 다들 나이가 더 들기 전에 시집을 잘 가야 한다고들 말했다. 계약직 아나운서였던 나는 안 잘리려고 정말 사력을 다해서 일을 했다. 재계약 여부가 불투명하던 시절 매년 계약 시기가 돌아올 때마다 사내에는 온갖 소문들이 난무했다. 계약 한두 달 전부터 계약이 어려울 것이라는 소문이 파다하게 나고, 나와 동기들은 밤잠을 설치는 나날이 계속됐다. '아나운서가 되려고 여기까지 왔는데, 이번에 계약이 안 되면 짐을 싸서 엄마가 있는 부산으로 다시 내려가야 하나? 아니면 남아서 방법을 찾아야 하나?' 하루에도 열두 번씩 스스로에게 물어보게 된다. 어쩌면 그저 생존을 위해 살았다고 해야 할 시절이다.

비단 나만의 경험은 아닐 것이다. 잘리지 않으려면 누구보다 열심히 일을 하고 그러다 보면 그 분야의 전문가가 된다. 그러다가 덜컥 승진이 된다. 그런데 승진을 하면서 문제가 발생한다. 승진이 될 거라고는 상상도 못하던 시절, 승진이 되면 어떤 문제가 닥치는지 상상을 못한다. 나도 그랬다. 부장님한테 매일 야단맞던 시절, 그저 '나는 부장님처럼 저렇게 이상한 사람은 되지 않을 거야!'라고만 생각했다.

그러나 내가 막상 팀원을 여섯 명이나 두었을 때는 후배들 눈치를 보는 것이 일과였다. 첫 인상이 만만치 않아 보이는 덕분에 내가 후배들을 무척이나 강하게 리드할 것이라고 생각하는 사람들도 많았다. 평소에도 사람들의 눈치를 많이 보는 나약한 성격인 내가 리더가 되었을 때 최악의 상황이 발생했다. 지금도 그때를 떠올리면 얼굴이 화끈거린다. 그냥 선배였을 때처럼 좋게 조언을 하면서 이야기를 하면 문제가 해결되고 나도 좋은 보스가 될 수 있을 거라고 생각했다. 그러나 그것은 정말 나만의 착각이었다. 일이 서투른 후배들은 다 그럴만한 이유가 있었다. 좋게 달래기도 하고 엄하게 경고를 하기도 했지만 정말 그들의 마음을 울리는 것은 내가 할 수 있는 일이 아니었다. 영문법 책에 있는 말이 딱 맞았다. '말을 물가로 데리고 갈 수는 있어도 물을 마시게 할 수는 없다.'

팀원들의 불만은 계속 쌓여갔다. 자신들의 능력을 회사에서 알아주지 않는다는 것이었다. 자존감들이 높은 팀원들의 눈높이를 맞춘다는 게 어려웠다. 그러나 그들이 하고 있는 고민은 내가 겪었던 것들이었기에 그들을 나무랄 수도 없는 일이었다. 차라리 생방송을 몇 시간 더 하라는 것이 마음이 편할 것 같았다. 이 상황이 회사의 잘못인가? 그럼 후배들의 잘못인가? 아님 나의 무능력함인가?

나의 결론은 나의 무능력함이었다. 리더가 되면 잘할 수 있을 거라는 생각은 나의 바람일 뿐 현실이 아니었다. '아나운서 팀장이 방송을 잘한다?' 그것은 당연한 것이고 팀원들을 격려하고 업무 능력을 향상시키는 일도 잘해야 한다. 그런데 그들의 업무 능력을 향상시키는 일은 '잘할 수 있을 거야' 하고 다독이는 일로 끝나지 않는다. 때로는 쓴소리를 하는 일도, 나에 대한 팀원들의 뒷말을 들었지만 못 들은 척 지나가는 일도 포함되는 것이다. 내가 열과 성의를 다했음에도 불구하고 내 마음을 몰라주는 그들의 차가운 반응도 포함되는 것이다. 그 시절의 일을 떠올리면 지금도 마음이 무척이나 괴롭다. 무엇을 해야 좋을지 몰라 지금도 마음이 미로를 헤매는 기분이다.

'관리 능력'이란 다른 말로 하면 소통하고 인간관계를 만들어가는 능력이다. 문제는 마음먹은 대로 하루아침에 만들어지지 않는다는 점이다. 소통이라는 단어는 무척이나 많이 사용하지만 실제로 소통을 할 수 있는 사람은 그리 많지 않다. 후배들을 잘 다루고 노력하는 사람은 타고나는 것 같은 착각도 자주 든다.

얼마 전 드라마 〈임진왜란 1592〉를 보았다. 부하 병사들의 절대적인 지지를 받았던 이순신 장군 같은 사람은 위인이니까 부하 직원들과 저절로 소통할 수 있다고 생각한 시절이 있었다. 드라마에 등장한 이순신 장군은 부하 병사들의 이야기를 정말 귀 기울여 듣는 분이었다. 부하 병사들이 전쟁터에서 무서웠다고 말했을 때 이순신 장군을 그 한마디를 놓치지 않고 다시 묻는다. 망설이던 부하 장병은 '정말 무서웠다. 코앞의 왜선이 보이지도 않았다'고 말했다. 그는 부하 병사들의 두려움에 깊이 공감했다. 그리고 그 짧은 문장에서 중요한 정보를 찾아내고 해결할 방법을 찾아냈다. 나는 그의 소통 능력에 놀라움을 감출 수 없었다.

드라마의 한 장면을 두고 뭘 그러느냐고 이야기할 수 있지만, 실제 상황에서도 얼마든지 발생할 수 있다. 아랫사람들이 이야기를 듣거나 이야기를 할 때 가장 중요한 점은 잘 듣고 생각하는 것이다. 듣는 것은 귀만 쓰는 일이 아니라 머리를 쓰는 일이다. 귀로 들은 정보를 머리로 생각하고 그 사람의 입장에서 공감해보는 일이다. 꽤 어려운 작업이다. 사실 인터뷰를 진행하면서 한두 시간만 상대방의 이야기를 듣고 있어도 무척이나 신경이 곤두선다. 자신의 업무만 하도록 근육을 길러온 사람은 어느 날 쓰지 않던 근육을 갑자기 사용하면 쥐가 나게 마련이다. 그런데 리더가 되겠다고 마음을 먹는 순간, 그 부분을 준비하게 되고, 준비하는 기간도 길어진다.

나의 남동생은 외국계 회사에서 중장비를 설계하는 일을 한다.

순수학문이었던 물리학을 공부하고 싶어 했던 동생은 대학원에서 기계학으로 전공을 옮겨 로봇을 만들고 싶어 했다. 나는 그녀석이 연구를 하면 좋을 것이라고 판단했다. 한 번도 어긋남이 없이 살았던 동생이 조직 사회에 들어가서 적응하기가 여러모로 어려울 거라고 생각했기 때문이다. 집안 장남으로 연구만 하는 것은 불가능하다고 판단했던 동생은 열심히 회사생활을 했다.

할머니 눈칫밥을 먹고 살았던 나와는 달리 장남이었던 남동생은 무슨 일이든 가감 없이 이야기하는 버릇이 있었다. 다른 사람들의 의견보다 자신이 옳다고 판단한 일이라면 누구의 눈치도 보지 않고 이야기를 했다. 30여 년 가까이 이렇게 살아왔던 녀석은 결혼을 하고 애 아빠가 될 때까지 아무 문제가 없었다. 더 정확하게 말하면 문제가 없는 것처럼 보였다. 승진을 하고 샌드위치 신세가 되기 시작하면서 문제는 발생하기 시작했다. 주변 분위기에 아랑곳하지 않고 이야기를 하던 남동생의 모습을 본 후배가 어느 날 찾아와 그 회의 분위기가 부담스럽다고 말한 것이다. 동생은 난생처음으로 당황하기 시작했다.

동생의 아이가 성장하던 그 당시, 동생은 어린이 교육 다큐멘터리를 무척이나 열심히 보기 시작했다. 아마도 인격의 성장 과정을 알 수 있기 때문이었던 것 같다. "누나! 나한테 이런 점이 있는데 그게 아마도 내가 성장하면서 만들어진 일인 것 같아." 그 동영상을 보고 자신을 분석하기도 했다.

몇 년 만에 누나네 집에 놀러온 동생은 아침 일찍부터 세미나를 들으러 간다면서 나가서는 밤 열 시가 다 되어서 들어왔다. '조직의 새로운 혁신을 위한 방안 세미나'에 다녀왔다고 했다. 나에게 그 강사에 대해서 설명하고 자신의 회사에 어떻게 하면 적용할수 있는지 고민을 털어놓았다. 놀라운 일이었다. 심장이 콩알만한 나와는 달리 대범하고 남의 시선을 신경 쓰지 않는 것 같았던동생은 자신의 무감각함을 몰랐던 사실에 놀라워했고, 그것을 깨닫고는 공부하기 시작했다. 로봇을 연구하려던 남동생이 사람에대해 공부하고 물리적 힘의 작용에 관심을 갖고 있던 녀석이 사람 간의 힘의 균형에 대해 관심을 갖게 된 것이다. 개천에서 용이나는지 잘 모르겠지만, 개천에서 나는 용도 리더가 되려면 인간의과정을 거쳐야 한다고 생각한다.

　사람의 능력에는 한계가 있다. 어떻게 배분해서 쓰느냐에 따라능력도 다르게 발달된다. 직장생활을 할 때에도 리더가 되고 싶다면 그 목표를 중심으로 두고 자신의 능력을 키워나가야 한다. 다만 이토록 어려운 리더가 그냥 저절로 될 거라 생각한다면 오산이다. 하지만 리더는 타고나는 것이 아니기 때문에 두려워할 필요도떨 필요도 없다. 그저 묵묵히 고지를 향하여 오늘 한 발 두 발 옮기면 된다. 어떤 날은 반 발짝도 앞으로 못 가는 날이 있겠지만, 또어떤 날은 성큼성큼 걸어서 멀리까지 가 볼 수 있는 날도 있을 것이다. 그렇게 하루하루가 쌓이면 내일의 리더가 되어 있을 것이다.

완벽하려고
하지 마라

18년째 접어든 나의 회사생활에 잠시 쉼표를 찍은 이유는 그저 쉬고 싶었기 때문이었다. 뉴스의 특성상, 시도 때도 없이 묻지도 않고 따지지도 않고 벌어지는 대한민국의 사건 사고들과 그럴 때마다 불려 나가야 하는 상황을 몇 년 반복하다 보니 몸과 마음이 지쳐 있었다. 회사는 내게 다른 대안들을 많이 제시했지만, 쉬고 싶다는 생각만 반복하고 있던 내게는 아무것도 들리지 않았다. 나는 왜 그렇게 지쳤을까? 그것은 나 자신 때문이었다. 절대 물러설 수도 질 수도 없던 내 성격 때문이었다.

우리 엄마가 늘 농담처럼 하시는 이야기.

"나는 다시 태어나면 광산 이가(나의 본가)하고는 절대로 인연도 안 맺을 끼다."

남매를 셋씩이나 낳고 시어머니를 40여 년간 모시며 무뚝뚝한 경상도 남편과 살아낸 우리 어머니의 불평이다. 거기에 가장 주요한 이유는 '독하다'는 것이었다.

지금도 그렇긴 하지만 나는 몸으로 하는 일에는 아주 둔하다. 요리를 할 때 딴 데보고 양념을 하다가 양념통 뚜껑이 냄비에 떨어져 음식을 망치는 일이 일쑤고, 어릴 때도 하도 자주 넘어지니까 우리 막내 동생은 '누나는 다리에 나사가 하나 없나 보다. 아빠! 누나 다리를 좀 새 걸로 교환해주세요' 했을 정도니까.

내가 초등학교 2학년 때의 일이었다. 교과 과정 중에 철봉이 있었는데, 발을 차고 올라가서 다시 앞으로 돌아서 내려오는 것이 시험 과목이었다. 그런데 이 동작을 설명해주던 첫날. 앞으로 돌아 내려오는 것조차 무서워서 철봉에서 손을 놓아버리는 바람에 그대로 모래바닥에 얼굴이 내동댕이쳐졌다. 지금 생각해도 그때 다친 얼굴이 아픈 기분이다. 시험은 치러야 하는데 너무 자신이 없었던 난 집에 와서 엉엉 울기만 했다. 한참 우는 나를 들여다 보시던 우리 아버지. 나를 학교 운동장에 데리고 가서는 연습을 시켜주었다. 무뚝뚝하던 아버지가 어떻게 설명까지 하셨는지 기억이 없지만 유일한 비상구였으므로 정말 열심히 연습했다. 부녀는 아무 말 없이 그렇게 매일 저녁 학교 운동장을 밟았다. 약속을 한 것은 아니지만 묵묵히 나를 데리고 운동장에서 연습을 도와주시던 아버지. 한 달을 철봉에 대롱대롱 매달려 있던 나는 어느새 하나하나 익히기 시작했다. 손에는 굳은살이 베기고 나는 철봉을 아주 잘하게 되었다. 물론 체육 시험은 아주 잘 봤다. 그걸 지켜본 엄마는 이렇게 말씀하셨다.

"독하데이."

이런 나의 근성은 방송 환경과 나쁘지 않은 케미를 보였다. 지고는 못 사는 성격이라 무슨 일이든 주어지면 미친 듯이 그 일만한다. 철봉 앞에서 벌벌 떨던 꼬맹이에게 삶에서 늘 철봉은 나타났고, 몸이 둔한 나는 그저 자꾸 보고 또 보고 하는 방식으로 하나씩 습득해나갔다. 인기를 얻은 유명한 진행자가 되지는 못했지만, 그래도 스텝들에게 나름 안정감을 주는 진행자가 되기는 했다. 그런데, 사람 관계를 만드는 것이 그저 철봉처럼 간단했다면 얼마나 좋을까? 손에 굳은살은 일주일 정도만 고생을 하면 베기기 시작하지만 내 심장은 굳은살도 베기지 않고 늘 상처받고 늘 힘들어했다. 도대체 어떻게 하면 이 심장은 이런 배신과 실망의 순환 고리에서 자신의 자리를 찾을 수 있을까?

일도 마찬가지였다. 승부란 늘 웃음을 띠고 나를 찾아오는 것이 아니었다. 대부분의 승부는 내게 불리한 것들이 많았다. 자라면서 내 외모에 불만을 가져본 적이 없었으나 일할 때만큼은 나의 작은 키와 목소리, 눈을 자주 껌뻑거리는 버릇까지도 탓하게 되었다. 겉으로는 웃고 있으면서도 늘 발은 움직이고 있었다. 마음은 더 종종거리면서 달리고 있었다. 어느 정도의 긴장은 사람에게 에너지를 넘치게 한다. 하지만 나의 경우는 긴장감을 넘어선 중압감이 어깨를 늘 누르고 있다는 게 문제였다. 그래서 프로그램 개편이 있을 때마다 늘 몸살을 앓았다. '이번에 프로그램을 못 받으면 어떻게 하지?' 하는 불안감이 나를 휘감았다. 비비안 리의 허리띠처럼 나 자신을 졸라매는 바람에 숨을 쉴 수가 없었다.

지금 돌아보면 아무것도 아닌 일에 종종거리다 보니 시야는 갈수록 좁아지기 시작했다. 집에서 나의 오래된 연습장을 발견했다. 아나운서 1년차일 때 쓰던 수첩에 씌어 있던 것을 보고는 깜짝 놀랐다. 어제 쓴 줄 알았다. 어릴 때부터 건망증이 너무 심해서 일을 할 때 떠오는 것을 늘 메모하는데, 1년차인 이언경 아나운서가 해야 된다고 써 놓았던 일들이 18년차가 다 된 지금도 반복되고 있었다. 나는 18년 동안 한 발짝도 나갈 수 없었다는 뜻이 아닐까?

우리 목사님이 내게 해주신 말씀이 있다. 항상 큰 그림을 그리는 사람이 되었으면 좋겠다고 하셨다. 큰 그림을 그리고 나면 그 안에는 무수한 작은 그림들이 보일 수 있지만, 작은 그림을 아무리 많이 모아도 큰 그림 하나가 완성될 수 없다는 것이다. 나는 발성 연습, 음악 공부 이런 작은 그림에만 집착하면서 일을 해왔다. 코앞에 있는 개편에 연연하고 하루하루 들어오는 라디오 사연의 개수를 세다 보니 어느새 세월이 훌쩍 지나가버렸다. 내가 속해 있는 회사에서 어떤 평가를 받는 것에만 집중해서 내 인생의 시간표는 어떻게 흘러가고 있는지에 관심을 둘 겨를도 없었다.

지방 방송국에서 아나운서로 근무하다 보면 좀 더 큰 시장으로 나갈 법도 한데 시도조차 해보지 못했다. 휴가를 내고 하루 방송국을 비우고 나면 사람들에게 비난의 시선을 받을까봐 그랬다. 꼭 수도권에서 방송을 하는 것이 최고의 선택은 아니었겠지만 나를 위해서 그런 시도는 해볼 수도 있었는데 그러지 않았다. 그러고는 두고두고 후회하면서 살았다. 코앞에 것을 보느라고 옆을 돌아볼 여유가 내겐 없었다. 그 여유는 누가 만들어주지 않고, 오직 자신이 만들어가는 것인데도 말이다. 그 당시에 나는 토익 시험을 다시 공부할 마음의 여유조차 없었다. 큰 그림을 그리고 작은 그림들을 차근차근 그려나갈 수 없었던 것이다.

케이퍼필름을 이끌고 있는 안수현 대표는 인터뷰를 마치려는 순간, 웃으면서 나에게 말을 건넸다.

"저는 약간 무책임해 보일까봐 얘기 안 했는데 '너무 열심히 살지 말아라'라고 하고 싶어요."

치열한 영화판에서 함대를 이끌고 온 사람답지가 않았다. 그녀는 왜 그렇게 말을 했을까? 그녀가 정답을 알려주었다.

"앞서도 강조했듯이 열심히 사는 것보다 내가 좋아하는 것을 찾으려 하는 게 더 중요하니까요. 그리고 그걸 찾으면 열심히 살아지고요."

직장생활의 오해와 함정

문제는 이십대의 나처럼 '무엇을 할 것인가?' 고민하기보다 '무조건 열심히 해서 완벽해져야지'라고 생각하는 것이다. 숲은 보지 못하고 나무만 보면서 열심히 간다. 완벽하려는 것이 나쁜가? 그렇지는 않다. 하지만 다 채운다는 건 더 채울 게 없음을 의미한다. 박진영이 사람들에게 말할 때 공기 반 소리 반이라고 하지 않던가? 때로는 비어 있는 것이 힘이 될 때도 있다.

섬세한 여성들은 리더가 되어서도 위력을 발휘한다. 아랫사람들의 필요를 잘 알아채고 채운다. 그러나 내 조직을 챙기고 성공시키려는 행동이 때로는 회사 전체 이익에 반할 수 있다. 여기서 기로에 서게 되는데 자칫 중요한 이 부분을 간과할 수 있다. 현장에 있는 여성들은 좋은 면으로 보면 목표 의식과 주관이 뚜렷한 편이다. 치열한 경쟁에서 특히 소수인 여성이 어느 정도의 지위에 오를 때까지 수없이 자신을 담금질 했을 것이다. 이렇게 나로 꽉 채우다 보면 다른 사람들의 의견에 귀를 기울이지 않는 경우가 생긴다. 또 지지 않으려고 하다 보면 조금이라도 손해 보는 것이 싫어서 작은 분쟁을 만들기도 한다. 시야가 좁아지고 유연하지 못한 결정을 내릴 확률이 높아질 수 있는 것이다. 결국은 리더가 되려고 노력한 결과가 오히려 리더십의 상처로 돌아올 수 있다.

집안일을 대하는 태도도 마찬가지다. 신혼 때의 일이다. 방송을 마치고 집으로 돌아갔을 때 너저분하게 널려 있는 집안을 보면서 자꾸 화를 냈다. 드라마처럼 살고 싶었다. 회사 일을 마치고 돌아왔을 때 아주 깔끔하게 정리 정돈되어 있고 심지어는 아름답기까지 한 집을 기대했던 것이다. 그러나 그것은 나의 상상일 뿐 '이루어질 수 없는 꿈'이었다. 지금도 너저분한 내 방에서 타자를 치고 있으니 '이루지 못한 꿈'이라고 해야 할까? 드라마에 나오는 주인공처럼 회사 일을 멋있게 하고, 집에 돌아왔을 때 나의 집도 깔끔하게 정리되어 있고, 맛있는 요리를 뚝딱 만들어서 남편을 배부르게 해주고 싶은데 말이다.

현실은 방송에서 긴장하고 녹초가 되어 집으로 가면 손도 하나 까딱하고 싶지 않았다. '조금만 조금만' 그러다가 잠들어버리고 나면 쌓여 있는 설거지를 뒤로 하고 또 출근을 한다. 청소를 못 하면서 계속 자책하고 있던 나를 딱하게 본 남편이 내 뒤통수를 향해 한마디를 했다.

"지금보다 더 더러운 집에서 살아도 나는 아무 상관없으니, 제발 스트레스 좀 받지 마. 난 그게 더 걱정이야."

그때 딱 멈췄다. 듣고 보니 현명한 말이었다. 그리고 10년 가까운 세월 동안 우리 남편은 내게 집안이 더럽다고 단 한 번도 불평한 적이 없다. 물론 그 이후에도 난 여전히 드라마 속 주인공처럼 그래도 보기 좋게 정돈된 집에서 살고 싶다. 하지만 그 일로 스트레스를 받지는 않는다. 혹시 집안일로 바가지를 긁는 남편이 있다면, 그리고 무심코 그런 말을 뱉는 사람이 있다면 그 사람을 설득하는 작업이 선행되어야 하지 않을까? 완벽한 평강 공주가 되어야 한다는 강박 관념에서 벗어나면 좋겠다.

물론 집안일을 돌보는 건 굉장히 소중한 작업이라고 생각한다. 특히 사랑하는 아이를 기르고 가족을 돌보는 일은 그 자체로 멋지고 또 다양한 재능이 필요하다. 그 일에 전념하겠다는 선택도 좋은 선택이다. 다만 직장생활과 집안일을 모두 다 잘해야 한다는 마음에서 좀 자유로워졌으면 한다.

여성들이 일을 하려면 결혼도 안 하고 그래야만 업무 능력을 발휘할 수 있는 듯 생각하는 사회 프레임이 잘못됐다는 것이 안수현 대표의 생각이다. 그 생각에 갇히게 되면 여성들이 스스로 '그래 나 결혼도 안 하고 일을 해서 나를 증명할 테야' 같은 결심을 하는 지경에까지 가게 된다고 한다. 안 대표는 결혼하고 애 낳으면 자신의 커리어가 끊길 것 같은 불안감에서 벗어나야 한다고 강조한다. 사회가 만들어놓은 통념적인 생각 속에 너무 휘둘리지 않고 살아야 하는 것이다. 그걸 깨려고 열심히 경력을 쌓아서 여기까지 왔는데 거꾸로 그런 통념에 스스로 갇히게 되는 게 문제이다.

안 대표에게 결혼 생활은 행복한 일이라고 한다. 일이 끝나면 결국 집으로 돌아가야 하고, 아무리 멋지고 대단한 일을 한다고 해도 집에 돌아가면 쉬게 되는데, 그때 일상을 나눌 수 있는 사람이 있기 때문이다. 나의 경험상 아직 미혼인 후배들이 가장 궁금해 하는 것이 결혼과 출산이었다. 방송 직전 분장실에서 별의별 이야기를 다 하게 된다. 부부싸움 한 이야기, 나에게 무안을 주었던 취재원의 이야기까지. 미혼 여성들이 많은 분장실에서 내가 가장 많이 한 이야기는 '나의 연애 이야기와 결혼 이야기'였다.

"정말 결혼하면 좋아요?"

"팀장님은 왜 결혼하셨어요?"

"아이 키우는 거 힘들지 않으셨어요?"

그들은 아직 닥치지 않은 문제에 대한 해법을 고민하다 두려움에 잠기게 된다. 두려움에 잠기기 전에 닥치지 않은 문제는 우선 내려놓자. 그리고 '모든 것을 잘한다'는 건 '어느 것 하나 제대로 할 수 없다'와 동일어로 받아들이자. 다 잘하려고 하기보다는 한 가지라도 집중해서 잘하려고 해보자. 그리고 나무가 아닌 숲을 바라볼 수 있도록 넓은 시야를 가져보자.

2

이기는 사람의
지혜

자백
컬쳐

영화나 방송 프로그램은 숫자로 만들어진 성적표가
늘 나온다. 영화는 관객의 숫자가 그 바로미터가 될 것이고, 방
송 프로그램은 매일 아침 시청률이 그 바로미터이다. 내용도 물론
중요하지만 시청률이 가지는 의미가 무척이나 크다. 사실 시청률
을 높게 나오게 할 수만 있다면 정말 악마에게 영혼이라도 팔고
싶은 심정이 된다. 이렇게 매일 나오는 것은 아니지만 회사에서도
숫자로 된 성적표를 받게 된다. 영업 실적일 수도 있고 업무 성과
일 수도 있다. 나를 나타내주는 좋은 성과는 기쁨으로 다가온다.
영화계에서 좋은 성적표를 받고 있는 영화 제작자 안수현 대표에

게 영화의 흥행 공식에 대해 물었다. 그녀는 좋은 팀과 즐겁게 만드는 것이 중요하다는 답변을 했다.

"영화 〈도둑들〉은 워낙 예산도 크고, 배우도 많이 나오고, 첫 제작이다 보니 책임이 컸는데, 긴장과 걱정보다는 찍는 내내 흥분되고 너무 재미있었어요. 한 달간 100명의 스텝과 배우들이 홍콩, 마카오에서 촬영을 하다 보니, 장소 섭외에 어려움도 있었지요. 마카오 카지노 촬영 허가가 안 나서 발을 동동 구르다가 결국 섭외에 성공하자 모두가 소리를 지르고 신났던 기억이 나네요. 어려움 속에서도 모두가 웃으며 협조적으로 일해 찍으면서도 멋진 팀이라는 생각이 들었어요."

《조선비즈》 2016년 2월 24일자 인터뷰 중에서

스텝들을 모으고 촬영할 만한 장소를 찾고 예산을 짜고 투자를 받아오는 모든 일들이 그녀의 몫이다. 〈암살〉이라는 영화는 제작비가 180억 원가량이 들었다. 한국 영화에서 '대작'이라고 하는 영화들의 제작비는 150억 원이고, 평균 제작비의 3~4배가 넘는다고 한다. 투자란 돈이 더 굴러오라고 그냥 돈을 던져 보는 일인데, 영화라는 일이 겉보기에는 그럴싸해 보이지만 이야기에다가 저 많은 돈을 쏟아 붓는 일인 것이다.

"영화라는 건 믿어주는 사람이 많아야 만들 수 있거든요. 아무것도 아닌 요만한 이야기 하나로 큰 자금과 사람을 모아 작업하는 거니까요."

《매경 스타뉴스》 2015년 7월 15일자 인터뷰 중에서

안수현 대표의 말을 들어보면, 회사라는 조직은 오랫동안 다른 사람들이 이렇게도 만들어보고 저렇게도 만들어보고 하면서 갈고 닦아서 만들어진 시스템이 아니다. 각 분야를 맡은 사람들이 해 온 역할들이 있고 그 역할에 아주 충실한 사람들이 하나의 목표 아래 모이는 것이다. 영화계는 회사 조직보다 느슨한 것 같지만, 각자 목표가 뚜렷하고 개성이 강하기 때문에 소통하기는 더욱 어려울 수 있다. 처음 안 대표를 만났을 때, 개성이 아주 강하다고 알려져 있는 스텝들과 배우, 감독을 어떻게 조율하면서 하나의 작품을 만들어가는 수장 역할을 잘하는지 정말 궁금했다. 오죽하면 업계 중에서 오로지 세 가지 영역만 업계라고 부르지 않고 '판'이라고 부르겠는가? 정치판, 공사판, 영화판. 이곳이야 말로 '소통의 날 것의 현장'이라고 생각했다.

안수현 대표는 오히려 영화판이 더욱 단순할 수 있다고 이야기했다. 영화는 각자 해야 할 일들이 정해져 있다. 배우는 연기를 해야 하고, 감독은 연출을 해야 하고, 작가는 써야 한다. 누군가가 시켜서 하는 일이 아니라 자신을 위해서 자기가 좋아서 선택한 일

이다. 그러다 보니 서로 존중하고 상대방이 각자의 일들을 잘해주었을 때만이 내 일도 잘 할 수 있기 때문에 상대방의 의견에 좀 더 귀를 기울일 수밖에 없는 간결한 구조가 형성된다.

배우가 연기를 한다고 가정해보자. 감독이 촬영 감독과 어떻게 찍을지를 정하고 촬영을 하지만 감독이 배우가 하는 연기를 초마다 지시할 수는 없다. 배우도 자기 나름대로 연기를 창조적으로 해나가야 한다. 결국 서로를 존중하면서 같이 새로운 뭔가를 만들어나가기 위해 집중하고 노력해야만 좋은 결과물이 나온다는 것을 알게 된다. 각자의 몫을 잘 감당해서 좋은 결과물이 나와야만 내가 성공도 할 수 있고, 돈도 벌 수 있고, 인정도 받을 수 있다. 그래서 자신의 자리에서 최선을 다할 수밖에 없다. 이런 공간은 자신이 하고 있는 일 그 자체가 현장의 원동력이 되어 준다.

영화 촬영이 끝나 편집되고 결과물이 사람들의 눈에 보일 때 박수를 받고 싶을 것이다. '좋은 거 찍었네. 잘 만들었네'라는 소리를 듣고 싶은 욕망이 그 일을 하고 있는 모든 사람에게 있다. 그 영화의 가장 단 열매를 배우나 감독이나 가장 정점에 있는 사람이 따 먹는 것처럼 느껴질 수도 있지만, 그 작품을 했다는 이력이 나중에 본인의 값어치가 되기 때문에 더 힘을 내서 일을 할 수 밖에 없다. 그렇게 다들 개성이 뚜렷한 거의 100명에 가까운 사람들을 춤추게 하는 가장 좋은 방법은 '자뻑'이다. 자뻑은 내가 잘났다는 거라기보다는 '자신이 소중한 사람'이라는 걸 일깨워주는 것이다.

그 많은 사람이 '작품이 재미있을 거 같아'라는 아주 단순한 생각으로 뭉친 상황이기 때문이다.

직장생활은 어쩌면 내 것이라는 생각이 좀 덜하니까 영화계와는 다르게 의견 충돌이 덜할 수도 있다. 영화계 사람들은 즐겁게, 문제없이라고 계속 신경을 써야 하니까 지치기도 할 것이고, 그렇게 신경을 쓰는 데도 불구하고 문제는 생기고, 문제가 생기면 계속 불만이 생길 수 있다. 그럴 때는 안수현 대표도 자신에게도 상대방에게도 실망을 하게 된다고 한다. 하지만 그녀는 주저앉고 싶을 때 자신의 역할을 돌아본다고 한다.

"내가 글을 쓸 줄 알아요? 연출을 할 줄 알아요? 연기를 할 줄 알아요? 아니면 투자를 할 수 있는 돈을 손에 쥐고 있어요? 그럼에도 불구하고 내가 이 일을 할 수 있는 것은 내가 이 역할을 하고 있기 때문에 이 일에서 중요한 인물로 대접 받으며 일하고 있는 거잖아요. 그러니까 '나는 이 일을 잘하고 즐겨야지'라는 생각이 다시 들곤 해요."

그렇게 넘어진 그 자리에서 일어설 수 있는 것도 아마 이런 안 대표의 마음이 있기 때문이 아닐까? 그녀의 마음속의 롤모델은 박찬욱 감독이라고 한다. 그녀는 박 감독의 영화 〈박쥐〉를 직접 제작하기도 했다.

"영화 〈박쥐〉를 재미있게 보기도 했고, 영화 일을 하는 선배로 존경해요. 이렇게 오래 일하셨는데도 불구하고, 아직도 영화 보시면서 가슴 뛰어 잠 못 드는 모습을 보면 늘 감탄하지요. 물론 최 감독도 그러시긴 하는데.

사실 같은 일을 오래하다 보면 열정이 식거든요. 반복되고 피곤해지고, 처음에 영화를 시작했던 이유조차 기억 안 나고 변질하는 것을 저 자신도 느끼는데, 순수한 열정, '나는 영화가 너무 미치도록 좋다.' 이런 생각을 아직도 가진 선배를 보면 자극받아요.

결국 열정이더라고요. 영화든 뭐든 롱런하는 사람들의 공통점을 보면, 남달리 재능이 있거나, 부지런한 것일 수도 있는데, 결국 그게 다 열정에서 비롯된 거예요. 아직도 꿈이 있고, '나 아직 이 배우랑 영화 못 찍어 봤어. 꼭 해보고 싶어. 나 이런 영화 만들고 싶어'라고 말하는 사람들 보면 그 자체로 저도 설레요. '저 배우가 하면 관객이 좋아할 거다'와는 달라요. '나 저 배우랑 일해보는 게 꿈이었어. 꼭 섭외하고 싶어'라고 말하는 감독을 보면 저도 그 꿈을 꼭 이뤄 드리고 싶어요.

《조선비즈》 2016년 2월 24일자 인터뷰 중에서

이렇게 열정으로 똘똘 뭉친 그들이 좌절하지 않도록 해주는 건 다름이 아니라 '자부심'을 갖게 하는 것이다. 이런 열정은 반드시 자신이 성공하고 싶은 마음을 갖게 해주고, '자뻑'은 그 마음에 기

름을 부어 준다. 특히 영화계처럼 주목을 받는 직업일수록 창조력
이 요구되고 새로운 것을 만들어내야 한다. 그런데 창조적인 아이
디어는 영혼이 자유로운 상태에서만 나올 수 있다. 영혼이 자유로
울 수 있는 가장 좋은 방법은 바로 자신감을 갖는 것이다.

자신이 하는 일에 자부심을 갖고 자신의 소중함을 알게 되는
자신감은 타고난 것이라고 착각했다. 나는 늘 자신감이 부족해서
나를 내려다보기 일쑤였다. 나도 나를 내려다보는데 나와 경쟁하
는 사람, 나를 평가해야 하는 사람 그 어느 누구도 나를 존중해주
거나 올려줄 수 있는 사람은 단언컨대 없다. 자신감이란 자기 확
신인데 이런 자기 확신 없이 일에서도 사회에서도 견뎌내기란 어
렵다.

최명화 & 파트너스의 최명화 대표는 한 토크쇼에서 마케팅이
란 늘 사람들의 평가와 시선을 먹고 사는 일이기 때문에 성취를
위한 마음가짐에 대해 이렇게 말했다.

"성취를 이룬다는 것은 생각보다 긴 여정으로 성공하기 위
해서는 부지런히 노력하는 것만으로는 부족하다. '나는 멋지고
잘난 사람이다'라는 사실을 부둥켜안고 살아야 한다는 것을
꼭 알아야 한다."

《아시아경제》 2015년 8월 30일자 인터뷰 중에서

현대자동차에서 근무하던 시절 신입사원들을 위한 직무 토크쇼를 열고 회사 문을 열고 들어온 어린 후배들에게 해준 말이다. 긴 세월 동안 얼마나 많은 사람을 만나게 될 것이며 얼마나 긴 비난을 감수해야 하는 것일까? 그 가운데 자신의 균형을 유지하기 위해서는 자신을 향해 외쳐야 하는 것이다.

"나는 멋지고 잘난 사람이다."

자기 확신이 있어야 할 수 있는 일 하면 '정치'가 아닐까? 정치권에서 선거를 준비하고 있는 선배는 늘 '우리가 이긴다'를 입에 달고 살았다. 선거 결과는 나와 봐야 아는 것인데 어쩜 저렇게 확신에 차서 말할까 싶어 그 비결이 무척이나 궁금했다. 곁에서 그 말을 들어오던 나는 물었다.

"어떻게 그렇게 확신을 하나요?"

갑자기 퍼뜩 머리로 지나가는 말이 있었다.

"선배가 선배에게 하는 말이죠? 선배 들으라고."

선배는 고개를 끄덕였다. 그 분야에서 30년 가까이 일을 해왔고 수없는 일을 겪었던 선배의 답은 자기 자신에게 끊임없이 세뇌를 하는 것이다. 아이돌 가수들이 무대에 설 때 추는 춤은 생각 없이 나오는 동작일 것이다. 머릿속으로 '다음 동작은 뭐지?' 생각하면서 무대에서 춤을 춘다면 그런 동작이 나올 수가 없다. 그저 몸으로 습득된 것이다. 자신감과 자뻑이 가득한 말로 자신을 끊임없이 세뇌시키면서 훈련한다. 그러면 동작도 자신감도 자뻑도

몸에 살살 스며들어 자기 몸의 일부가 된다.

일을 하면서도 매일 쌓인 것으로 승부를 본다. 하루아침에 바꾸거나 습득할 수 없는 것들로 마지막 승부가 나기도 한다. 공부해서 치르는 시험 점수로 성패가 결정이 될 것처럼 보이지만, 그 시험지 안에 숨어 있는 바른 자세, 고운 언어 습관, 사람을 대하는 아름다운 태도 등이 승부를 결정짓는다. 나 자신에게 계속 '난 괜찮아'의 수준을 넘어서서 '내가 제일 잘 나가'라고 끊임없이 되새기는 것은 험한 여정을 헤쳐가야 하는 우리들에게 정말 필요한 일이다.

이런 자뻑의 문화는 개인에게만 해당되는 일들일까? 함께하는 팀 내부에서도 격려하는 문화는 좋은 결과를 가져온다. 러쉬 코리아 마케팅 이사인 김미현 이사가 펼쳤던 자뻑 퍼레이드는 정말 필요해 보였다. 우리가 같은 편이라는 의식과 조목조목 괜찮은 실력의 사람임을 깨닫게 해준다. 우리가 한 팀이라는 유대감은 아주 작은 데서부터 시작한다. 남녀가 서로 사랑을 시작할 때 서로의 유사점을 찾는 것처럼, '같다'라는 의식에서 비롯된 공감대는 같은 방향을 바라보게 한다.

서로 칭찬을 해줄 때 절대 잊지 말아야 할 것들이 있다. 바로 조목조목 아주 구체적으로 말해주는 것이다. 두루뭉술한 내용은 내 것이 아니라고 생각하지만 세밀한 내용들은 사람들에게 믿음을 준다. 최동훈 감독이 영화 〈암살〉을 처음 시작할 때 안수현 대표의 첫 반응이 '재미있겠네'였듯이 가족이든 동료의 한마디는 구체적으로 어떤 일을 만들게 하는 힘이 들어 있다. 남편과 나 사이에 자주 오가는 대화를 예로 들어본다. 문득 고마운 일이 생각이 난 나는

"우리 남편 괜찮은 사람이란 말이야."

"내가? 어떤 점이 괜찮은데? 조목조목 말해봐. 하하하."

"꼭 그래야 해?"

"응!"

칭찬을 구체적으로 떠올리면서 생각을 해보게 된다. 왜 내가 고맙고 감사한 마음이 들었는지도. 반대로 칭찬을 받았을 때 자신감을 잃었던 나는 남편이 말해주는 아무것도 아닌 칭찬에 작은 기쁨을 누린다. 나 자신에게 그리고 자신이 속한 조직에서 칭찬을 통해 자신감을 심어나가고 그 문화를 통해 성장해보자.

나를 향한
시선을 즐겨라

아주 어릴 때부터 덜렁대기가 일쑤인 나는 꼼꼼하고 섬세한 사람이 늘 부러웠다. 초등학교 6학년 때 우리 반에 내가 혼자 무척이나 좋아하는 여자친구가 있었다. 여동생이 둘이나 되는 데다가 본인도 아주 꼼꼼한 여성스러운 친구였다. 그 친구의 가방을 열면 필통, 공책, 그리고 책들이 가지런히 들어 있었다. 가늘고 긴 손가락을 가진 친구는 피아노도 잘 치고 마르고 키가 컸다. 남동생들에 둘러싸여서 반쯤 강요된 털털함을 갖고 있던 나는 그 친구가 그냥 좋았다. 어릴 적 엄마의 화장품 냄새가 좋은 것처럼 깔끔하고 단정함을 갖고 있는 그 친구가 부럽고 좋았다.

그 친구 집에도 놀러가고 한동안 잘 지내면서 중학생이 되었다. 다행스럽게도 같은 학교 같은 반이 되었다.

그런데 어느 날부터 그 친구가 내게 부정적인 감정들을 표출하는 것 같았지만 지나쳤다. 그 이후에도 차가운 태도는 계속되었다. 그냥 마음이 쓰렸다. 친구를 사귀는 것이 수월치 않았던 나는 마음이 힘들었지만, 안타깝게 다가가는 방법을 몰랐다. 2학년 때도 같은 반이 되었지만 그 친구는 늘 나를 싫어하는 친구들과 가까웠다. 운명의 장난처럼 중학교 3학년 때까지 4년 동안 같은 반이었다. 가끔은 가까워진 것처럼 느껴질 때도 있었지만, 늘 친구 사이에 칸막이가 생겨 있는 것처럼 그렇게 멀리 느껴졌다. 가장 답답했던 것은 그 친구가 왜 나를 싫어하게 되었는지 잘 모르겠다는 점이었다. 싸운 적도 없는데 말이다. 그럼에도 불구하고 다시 관계를 회복하고 싶은 마음에 아주 긴 사과 편지를 쓰기도 했다. 마음을 다해서 편지를 쓰기도 했지만 돌아오는 것은 어색함. 그렇게 졸업을 했고 다시는 그 친구와 관계를 회복할 방법이 사라져버렸다.

고등학교 1학년 때 집으로 편지 한 통이 와 있었다. 그 친구였다. 깜짝 놀라 편지 봉투를 뜯어보니 장문의 사과 편지가 들어 있었다. 그 친구는 나를 질투했던 것이다. 학교 다닐 때 나는 그렇게 뛰어나지 않았다. 그냥 성실하게 학교를 다닐 뿐. 그런데 성적이 나랑 비슷했던 그 친구는 내가 그 친구보다 조금 나은 것이 참

견디기 힘들었던 거 같았다. 그래서 친하게 지내지 못했는데 고등학교에 와서 떨어져보니 내가 보고 싶어진 것이다. 갑자기 눈물이 날 것 같았다. 그동안 힘들었던 것을 한꺼번에 위로 받는 느낌이었다.

사람 감정의 소용돌이에는 달콤하고 예쁜 것들도 들어있지만 쓰거나 불처럼 뜨거운, 때로는 닿으면 따가운 감정들도 들어 있다. 순간순간 사건을 맞닥뜨릴 때 쑥하고 올라오는 나쁜 감정들을 어떻게 다뤄야 하는지가 고민이었다. 배운 적도 없고 그것을 처리해야겠다는 생각을 해본 적도 없기 때문이다. 영화의 제목처럼 '질투는 나의 힘'일 수도 있고 '나에게 독'이 될 수도 있다. 사람은 살면서 끊임없이 비교 당한다. 방송을 진행하다 보면 다른 사람의 눈에 띄는 직업이라 늘 이런 문제에 부딪힌다. 하고 있는 업무마다 특성이 있어서 뭐라고 딱 짚어서 말할 수 없지만 이 질투라는 감정 때문에 가해자도 피해자도 상처를 받는다.

영화 〈여배우들〉을 보면서 질투라는 감정을 생각하게 되었다. 여배우로서 미모도 실력도 갖추고 있는 최지우와 고현정의 미묘한 신경전이 영화에 등장을 한다. 한 사람씩 따로 놓고 보면 나름의 매력이 있는 배우들인데, 두 사람이 함께 있으니 미묘하다. 아주 드러나게 질투의 발톱을 보이지는 않지만 마음속에는 질투의 강이 흐른다. 그 감정의 가해자이자 피해자가 되는 것이다. 방송 개편이 있을 때마다 프로그램이나 역할이 주어지는 내 직업상 다른 사람들을 보면 끊임없이 질투를 한다. 사람들마다 각자 고유의 매력이 있는데 그것을 깨닫는 순간 부럽기 시작한다. 그 감정이 창피해서 억누르려고 하면 오히려 용수철처럼 튀어 올라와 나의 목을 조인다. 내가 질투라는 감정의 가해자일 때는 그냥 그 감정을 칭찬으로 만들어버리는 것은 어떨까?

일을 잘하는 후배들이 매년 들어오고 방송 진행을 잘하는 사람이 넘쳐나는데 질투의 안전지대에 있을 수가 없다. 사실 동기들이나 선배들에게 느끼는 부족함보다 후배가 나보다 성큼성큼 걸어가고 있음을 느낄 때는 참담한 마음이 든다. 어릴 때부터 남에게 지고는 못 사는 성격이라 나보다 잘하는 사람은 아주 쉽게 찾아내곤 했다.

한 후배에게 그런 마음을 강하게 느낀 적이 있었다. 마음은 무척이나 괴로운데 아무에게도 말을 할 수가 없으니 참 한심할 노릇이었다. 남편이 애인이던 시절, 시간이 많이 흐른 후에 털어놓았다. 내 후배였던 녀석한테 심한 질투심을 느꼈다고. 그래서 내 자신이 바보 같고 자격이 없는 선배였다고. 그랬더니 남편이 웃어주었다. 말하고 나니 정말 아무렇지도 않은 일이었다. 일 잘하고 잘 나가는 후배에게 자연스레 느낄 수 있는 감정이다. 그런데 그때 진심으로 그 친구를 칭찬해줄 수 있었다면 얼마나 좋았을까? 두고두고 후회했다.

감정이 심장에 담겨 있을 때는 빵처럼 자꾸 부풀어서 터지기 일보 직전까지 가는 경우가 많은데 털어놓고 나면 아무 일이 없었다는 듯이 확 꺼지는 경우가 많다. 질투를 칭찬으로 바꿔보자. 진심으로 칭찬해주자. 그리고 그 다음 차례는 나라고 외쳐보자. 지인이 내게 추천한 방법인데, 그 사람의 많은 축복을 진심으로 동감해주는 대신 그 다음 차례는 나라고 외치면 그 다음 순서는 내가 되는 것이다.

질투라는 감정의 피해자가 되는 경우는 어떨까? 내가 질투나 모함의 대상이 되었을 때 가장 좋은 방법은 무엇이 있을까? ABC 뉴스 조주희 서울 지국장은 아직도 그런 일을 겪고 있다고 했다. 한국에 들어와 상주하기 시작했을 때 모 부처 장관이 동석했던 자리에서 벌어진 불쾌한 일을 전해들었다. 모 프로덕션의 회장님이 조주희 지국장을 '꽃뱀'이라고 표현을 한 것이다. "조주희는 기자가 아닌데 기자라고 말하고 다닌다. 기사 본 적이 있느냐, 남자만 홀리고 다니는 꽃뱀"이라고 했다는 것이다. 그 자리에 있던 정치인과 사업을 하던 언니가 걱정이 돼서 언질을 준 것이다. 그 당시에는 찾아가서 따질까 그렇지 않으면 고소할까 고민했다가 '직업상 마주칠 일이 없을 테니 시간낭비하지 말자' 하고 넘어간 적이 있다는 것이다. 그런데 그런 이야기를 아직도 종종 듣는다고 한다.

아직도 가끔 비슷한 일이 일어난다는 말에 놀라는 나를 보더니 한국 사회에서 여성에게 할 수 있는 최고의 욕인 것 같다고 말했다. 그런 일에 발생했을 때 같이 응수할 수는 없는 노릇. '미안하다 잘나서!'라고 생각하고 넘어가줘야 한다는 것이다. 욕을 하는 사람의 입장에서 곰곰이 생각해보면 '쟤는 너무 잘난 척해'라고 하는 것보다 '쟤는 꽃뱀이야' 하는 것이 더 나아서 그런가 보다 이렇게 생각하고 넘어간다. 안 그러면 당하는 사람이 힘들어지기 때문이다.

조주희 지국장은 후배들이 종종 이런 일로 하소연을 할 때가 있다고 말했다. 그때 그녀의 조언은 그냥 '신경을 쓰지 말고 생각하지 말아라. 네가 예쁘면 할머니가 돼도 그럴 것이다. 걱정하지 말고 차라리 익숙해져라'이다. '한 귀로 듣고 한 귀로 흘려라'인 셈이다. 심지어 그녀는 '질투와 모함을 즐겨라'고 주장한다.

그녀의 책 중에서 사람들에게 가장 질문을 많이 받는 대목이라고 한다. 오히려 질투와 모함을 즐기지 않으면 우리 스스로가 견딜 수 없다고 한다. 그녀도 열정적이던 그 시절은 그게 쉽지 않았다고 한다. 억울한 것을 제일 못 참는 그녀는 그런 일이 생길 때마다 가서 따져보기도 하고, 같이 뒷말도 하고 할 수 있는 방법은 다 동원해서 이 질투 어린 시선과 모함 공작들을 넘으려고 했으나 가장 좋은 방법은 바로 '무시'였다. 우리가 신도 아니고 어떻게 나를 질투하고 견제하는 사람의 행동을 다 '무시'할 수 있을까?

감정이 냄비의 물처럼 부글부글 끓어오르는데 무시하고 싶어도 그마저도 내 마음대로 안 된다. 왜 그랬을까? 그 사람은 도대체 나에게 왜 그런 짓까지 했을까? 생각해본다고 한다. 두 가지 경우의 수 중 하나일 텐데, 그 사람이 정말 그렇게 여기고 있거나 아니면 내가 주는 것이 없이 미워서 없는 사실을 거짓말을 했거나. 그런데 만약 그 사람이 지금 나의 업무에 지대한 영향을 주는 자리에 있다면 오해를 풀거나 그 거짓말을 밝혀야 하지만 당장 영향을 주는 것도 없고, 실제로 그렇다고 믿는 사람이 없다면 가만두고 본다. 자기가 우쭐하고 싶어서, 나보다 잘났다는 것을 느끼고 싶어서 그렇게 이야기를 하는 것이니까 내가 가서 설명을 해도 자신의 마음을 고쳐먹지 않을 것이다. 그러니 그렇게 살게 내버려둔다. 어차피 나를 인정해주는 사람은 따로 있으니까.

나중에 정말 자기 마음을 고쳐먹고 나에게 다가오고 싶을 때를 대비해 그 문을 열어두는 것이다. 그런데 그 순간 같이 맞닥뜨려서 서로 돌을 던지고 싸워버리는 순간 '영원한 원수'의 길로 들어가게 된다. 나중에 오해가 풀리거나 허위가 드러난다고 해도 이미 상처를 입은 가슴 때문에 서로 안 보고 싶을 것이다. 그러니 내가 저 사람에게 길을 열어주고 이건 나를 위한 투자라고 생각하고 즐기지 않으면 넘을 수 없는 일인 셈이다.

여기서 참는다고 생각하면 못 견디는 순간이 찾아오고 그 순간 '난 더 이상 참지 않을 거야' 하는 마음이 든다. 하지만 논리적으로 왜 그 사람이 그럴 수밖에 없었는지 한번 생각해보면 마음이 흐르는 길이 달라진다. 내 입장에서 생각을 전개하지 말고 그 사람의 입장에서 합리화를 해보는 것이다. '아, 그 사람이 이런 입장이기 때문에 그러고 싶어서 그러는 것이 아니라 그럴 수밖에 없는 상황이었을 거다. 그런데 이제 한풀 꺾이고 나에게 다가오고 싶을 때 내가 티를 내지 않아야 올 수 있을 거다. 내가 문을 적당히 열어주고 수위를 조절하고 있기 때문에 내가 키를 쥐고 있다'고 생각하면 훨씬 여유로워진다. 이런 글로 보면 참 쉽지만 사실 상황에 맞닥뜨리면 이렇게 앞뒤를 잘 생각하면서 일을 하지는 않게 된다. 그 순간에도 그 사람이 어떤 생각으로 나에게 저런 말을 하는 것인지 한번 짐작해보면 오히려 상황을 객관적으로 볼 수 있게 된다. 정말 유체이탈한 사람이 되어 그와 나를 위에서 내려다보는 것처럼.

'어떻게 나한테 이런 말을 할 수 있지?'라는 생각을 하는 순간 그리고 그 말을 뱉는 순간 도돌이 노래를 부르게 된다. '어떻게 나한테 그런 말을 할 수 있고 그런 치사한 방법으로 나를 끌어내리려 할 수 있나?' 이렇게 느끼게 되지만 그 사람의 심리 상태를 파악하려고 노력하다 보면 아주 다른 차원이 펼쳐진다. '아, 저 사람은 지금 내가 부러운 거구나. 사실은 그렇게 부러워할 일도 아닌데. 참 가엽다' 혹은 '저 사람 지금 내게 질투를 느껴서 저런 거짓말을 하는구나. 어이구 참 가엽다' 이렇게 여기면 가을 공기처럼 차분하게 감정이 가라앉아 사고를 저지르지 않게 된다. 사람은 경쟁심에 사로잡히거나 질투심에 함몰되었을 때 생각지도 못한 어이없는 실수를 저지르게 된다. '내가 잘나서 나의 어떤 점이 부러워서 그러는 것이니 어쩔 수 없지'라며 어깨를 으쓱대고 나면 훨씬 일이 단순해질 것이다. 한번 시도해보라. 생각은 참으로 많은 것을 바꾼다.

상대방을
불쌍히 여겨라

케이퍼필름 안수현 대표와 최동훈 감독 부부의 연애 스토리는 참으로 재미있다. 최동훈 감독은 늘 인터뷰에서 자신의 뮤즈는 전지현, 김혜수가 아니라 자신의 아내인 안수현 대표라고 말한다. 2000년 9월 처음 만난 두 사람의 대화는 이랬다. 당시 영화기획실 직원이었던 안 대표가 물었다.

"시나리오 한 편 각색을 맡길까 하는 데요."

"얼마 주실 건데요?"

당시 영화감독 준비생이었던 최 감독이 대답했다. 그런데 이 대화의 진짜 뜻은 "배가 나왔지만 목소리가 좋으네요"(안 대표)와 "애인 있어요?"(최 감독)였다고. 2007년 결혼 당시 청첩장 내용도 재밌다. '3년간 더할 나위 없는 좋은 친구로 지냈고, 1년간 흑심을 감춘 친구로 지내다 넘쳐나는 사랑을 폭로할 수밖에 없어 3년간 연애를 해왔다'는 내용이었다.

안수현 대표가 들려준 프로포즈의 내용도 참 독특했다. 안수현 대표는 결혼을 하면 자신이 원하는 일을 할 수 없을 것 같고, 며느리라는 프레임 속에 갇히게 되면 이 사회가 여성들에게 하는 나쁜 강요에 딱 끼일 것 같아서 계속 도망 다녔다고 한다. 그래서 최동훈 감독이 결혼하자고 했을 때도 자신은 영 자신이 없었다고 한다. '영화 일을 하면서 사는 삶에 이제 좀 재미를 붙여서 열심히 하고 있는데 결혼이라는 다른 삶을 선택해서 내가 무너지면 어떡하지?' 이게 너무 겁이 났다고 한다. 그런데 최동훈 감독의 한마디는 이런 것이었다.

"서로를 불쌍히 여기면서 살자."

안수현 대표의 입장에서는 '서로 사랑하면서 살자' 이런 이야기는 많이 하지만 '서로 불쌍히 여기면서 살자. 세상이 얼마나 힘드니?' 라는 이 말에 마음이 움직였다고 한다. 무엇을 책임져야 하고 내가 무너진다는 생각이 아니라 '불쌍하네. 수고했어'라고 해줄 수 있는 동반자가 있으면 좋겠다는 생각이 들었다고 한다. 그래서 결혼하기로 결심을 했다고 한다. '불쌍히 여긴다'는 이 말은 두 사람에게 아주 특별한 단어가 되었다고 한다. 부부가 가깝다고 해도 그만큼 더욱 날카로워질 수도 있다. 서로에 대해서 너무 잘 알고 있기 때문이다. 그런데 불쌍히 여기는 마음을 먹으니 참 좋더라는 것이다. 상대방에게 더 많은 걸 기대하는 게 아니고 '애쓰고 있어. 불쌍해'라는 마음 덕분에 덜 싸운 게 된다는 것이다.

안 대표는 서로에 대해 안타까이 여기는 마음을 다른 사람과의 관계에서 적용할 수 있다고 한다. 영화를 찍다가 서로 감정이 날카로워지거나 의견이 맞지 않아서 멈추어야 하는 상황에서 상대방을 좀 불쌍히 여기는 마음으로 극복해보자는 것이다. 보통은 상황이 어려워지고 나면 상대방이 잘못해서 일을 이 지경까지 만들었다고 생각하지 십상이지만, 안수현 대표는 그냥 이렇게 생각한다고 한다. '아이고 그걸 이해를 못해서 일을 이렇게까지 만드는 걸까?' 하며 조금 너그러운 마음으로 상대방을 바라본다는 것이다.

아이를 키우다 보면 이런 비슷한 마음이 든다. 우리 딸이 태어나서 1년 동안 밤에 푹 한번 자보는 것이 내 소원이었다. 낮밤이 바뀌어서 밤에 잠을 안 자고 내내 칭얼댔다. 너무 아기라 업지도 못하고 앞으로 안고 밤새 걸어 다녔다. 산후 조리 중이라 있었던 친정집 거실을 밤새 걸어 다니면서 아이를 재우려고 애를 쓰다 보면 먼동이 트는 것을 보기가 일쑤였다. 힘들어서 주저앉아 울기도 하고 아무것도 모르는 딸에게 짜증을 내기도 했다. 지금도 그때를 떠올리면 그 시절이 어떻게 지나갔는지 도무지 알 수가 없다.

어느 새벽 문득 그런 마음이 들었다. '아! 내가 싫어하는 ○○○도 그 어머니는 이렇게 고생하면서 그를 키우셨겠구나.' 그런 마음이 드는 순간 생각이 좀 달라지기 시작했다. 성격이 못돼서 누구 한 사람이 싫거나 미우면 아주 끝을 보는 편이다. 그런데 그렇게 생각하고 보니, 그렇게 '귀하게 키우셨을 텐데. 뭘 그렇게까지 미워할 일이 있을까?' 하는 생각이 들었다. 물론 이미 그때는 그 사람을 볼일이 전혀 없을 때라 '때늦은 후회'였다. 지금도 돌아보면 조금이라도 그 마음을 일찍 알았더라면 하는 생각이 든다.

조주희 지국장의 별명은 '수퍼 드라이'다. 조주희 지국장을 사랑하고 좋아하는 후배들이 붙여준 별명이라고 한다. 감정을 배제하고 상황에 충실하려고 하다 보면 자신에게 해코지를 한 사람마저도 받아들여줄 때가 있기 때문이다. 조 지국장은 그 사람은 그럴 수밖에 없는 사정이 있을 거라고 생각을 한다고 한다. '사람마다 다 단점과 장점이 있으니 그럴 수밖에 없는 사정에 놓였겠지'라고 생각하면서 이해하려고 노력한다는 것이다. 지금 그 이유를 찾을 수 없다면 '아마 어렸을 때 누군가에게 상처를 받아서 그렇게 된 것은 아닐까?' 생각도 해본다고 한다. 혹은 '내가 정확하게 모르는 무슨 이유가 있기 때문에 저럴 수 있다'고 이해를 해보는 것이다. 그 행동을 받아들일 필요는 없지만 이해하려는 그 태도가 중요하다고 한다.

저 사람이 왜 그런지에 대해 내가 100퍼센트 다 수용할 필요는 없다. 우리가 다 사람이지 신이 아니기 때문이다. 그 사람이 내가 보기에 조금 이상한 행동을 할 때 '저 사람은 저렇지' 하고 이해를 해주면 훨씬 그 사람하고 이야기하고 다가서기가 쉬워진다. 내 마음 안에서 죽일 놈을 만들면 안 된다. '그도 사람이니까 그럴 수밖에 없을 것이다' 하고 이해를 하다 보면 내 감정의 날이 서거나 아니면 감정이 흥분하거나 하는 상태가 많이 가라앉을 수밖에 없다. 가까운 사람들은 그렇게 하는 자신에게 '저렇게 한 사람을 받아들여주다니 말도 안돼'라면서 깜짝 놀라게 될 것이다. 감정이란 참는다고 참아지는 것이 아니므로 자신에게 자기 합리화를 해야 한다. 상황을 논리적으로 분석해보는 것이다. '아 이 사람은 이럴 수밖에 없는 입장이기 때문에 지금 저렇게 행동할 동안은 그냥 내버려두고 시간이 지나면 그 사람의 감정도 변할 수 있는 것이다' 하고 기다린다. 조주희 지국장의 친한 후배들은 해코지하는 사람을 아무렇지 않게 받아주는 것에 대해 불만 아닌 불만을 토로한다. '다들 언니의 적인 줄 알았는데 그 적을 아무렇지 않게 받아주면 어쩌란 말이냐?'라고 말할 때 그녀는 이 상황을 설명해주게 된다고 한다.

경상북도의 경제부지사를 지냈던 이인선 계명대 교수도 같은 이야기를 내게 전해주었다. 나를 싫어하는 사람을 완벽하게 내 편은 아니어도 이해하려고 했었다면서. 물론 그 일이 어떻게 수월하기만 했을까? 이해하려고 애쓰는 것이었겠지. '그런 감정을 가진 상대방을 이해해주자.' 그렇게 시작하면 그를 상대해야 하는 내 마음이 우선 편해진다. 상대의 그 감정 자체도 존중해주자고 하는 것이다. '어떻게 고칠 방법도 없고 상대방을 이해하면 쉬운 거 같으니 이해를 하자. 이해를 해. 저 사람이 저렇게 하는 데는 이유가 있겠지.' 그렇게 불쌍히 여기고 마음을 접어주면 나의 날도 접히게 된다. 그러나 상대의 안 좋은 모든 것을 다 수용해줄 필요는 없다. 내 분노의 날개가 접혔을 때 차분하게 어떻게 하면 이 일을 해결할 수 있을지 생각을 해보면 된다.

칭찬과 쓴소리의
사용 방법

지금은 계명대학교에서 교편을 잡고 있는 이인선 전 경상북도 경제부지사는 사람을 대하는 방법을 자연스럽게 알고 있는 사람 같았다. 학교와 경상북도처럼 오래된 조직에 들어가 새로운 일을 한다는 것은 그렇게 쉬운 일이 아니다. 이미 자신들만의 룰이 있기 때문에 그 조직에서 경험이 없는 사람이 자신의 입지를 만들어서 일을 한다는 것 자체가 그리 쉬운 일은 아니다.

우선 그녀는 도에 들어가면서 자신의 월급을 자신을 위해 쓰지 않았다. 그녀가 자신의 이익만을 위해 일하는 것이 아니라는 느낌을 주었을 것이다. 그리고 자신을 마음에 들어하지 않는다는 사람의 이야기를 들으면 그와 우선 저녁 약속을 잡았다고 한다. 그런 소문이 초창기에 돌기 시작할 때 그를 만나 감정을 누그러뜨려 놓거나 전략을 수정하게 하는 것이 필요하기 때문이다.

그도 어느 정도 예상하고 만남의 장소에 나올 것이다. 그럴 때 먼저 칭찬의 한마디를 건넨다. 칭찬을 듣는 사람은 마음이 누그러진다. 너무 피곤하고 힘들어서 날카로워졌을 때 아주 달달한 음료수를 한 잔 마시고 나면 기분이 훨씬 나아지는 것처럼 달달한 말 한마디는 사람의 기분을 살짝 누그러뜨린다. 남자들은 의외로 칭찬이라는 무기를 잘 사용하지 못한다. 칭찬을 한다는 것은 상대방을 인정한다는 의미이기 때문에 그럴까?

한 교육 프로그램에 서울대 의대 서우현 교수가 출연해서 남녀의 뇌구조의 차이를 설명했다. 이란성 쌍둥이를 분석했는데 여자 아이들은 감정과 감각에 연관된 상황을 잘 기억하는데 반해, 남자아이들은 기억을 잘 못했다. 여자 아이는 양쪽 언어 중추가 다 있는 반면에, 남자 아이는 좌뇌 중추만 사용하기 때문에 감정 표현에 매우 서툰 것이다. 공감도 못하고 칭찬하는 감정 표현에는 서툰 뇌구조를 가지고 있다는 설명이다.

여성들은 이 무기를 십분 활용하면 좋다. 이인선 교수는 당시 이런 칭찬 한마디와 함께 웃으면서 한마디를 했다고 한다.

"제가 마음에 안 드시나 봐요. 너무 그러지 마시고 좀 너그럽게 봐 주세요. 저도 잘하려고 하니까 많이 도와주시고요."

상대방은 그녀가 만만치 않은 상대임을 직감하게 될 것이다.

영업 업무를 하고 있는 지인이 내게 해준 이야기다. 그 지인의 회사에 한 상무님이 계시는데, 그 상무님은 회사 내에 라이벌이 없다고 한다. 회사 내에 라이벌이 없는 사람은 얼마나 좋을까? 그런데 그 상무님에게 비결이 있다고 한다. 바로 자신의 회사에서 실력이 만만치 않은 사람이 있다고 판단이 되면 헤드헌터를 찾아간다고 한다. 자기 라이벌의 이력서를 건네주면서 그 사람에 대한 칭찬을 마구 한다는 것이다. 그런 다음 실력이 이렇게 훌륭한 사람이니 한번 더 좋은 자리를 추천해주면 어떻냐고 설득한다. 그러고 나면 얼마 있지 않아서 좋은 자리로 스카우트되어 간다고 한다.

이 이야기를 처음 들었을 때 정말 깜짝 놀랐다. 라이벌이나 나의 뒷말을 하는 사람을 잠재우는 이런 독특한 방법이 있었구나 싶었다. 사람은 아주 이기적인 동물이다. 다른 사람을 위해 무엇인가를 할 수 있는 사람이 있을까? 진심으로 남을 위한 행동을 할 수 있는 사람은 몇이나 될까? 그런데 어쩜 이렇게 가장 이타적인 것이 자신에게 가장 이기적인 행동이 될 수 있을까?

이러한 방법은 상사에게도 사용할 수 있다. 자신에게 유난히 까다롭게 비협조적인 상사를 대할 때도 칭찬은 아주 좋은 무기가 되기도 한다. 상사가 부당한 대우로 나를 괴롭힌다고 느낄 때 아침마다 머릿속으로도 사표를 쓰고 그렇지 않으면 핸드백 속에 사표를 넣어서 다니는 경우가 종종 있다.

어느 날 상사와 심하게 부딪혔다고 가정을 하자. 부딪혔다고 말하기에는 조금 민망하기도 하다. 상사가 어긋난 판단을 한 거 같아서 나는 그냥 조목조목 설명했을 뿐인데 나의 상사는 기분이 좀 많이 나빴던 거 같다. 쭉 기분이 저기압. 그런데 그런 상태로 오래간다. 그냥 나한테 화를 내면 차라리 속이 시원할 텐데. 사사건건 불쾌한 감정이 흘러나오고 있다. 나보고 어떻게 하라는 것인지. 안 하던 잔소리가 늘었다. 하루 이틀 참을 만하더니 일주일 내내 저러는데 정말 나는 돌 지경이다. 어떻게 하면 좋을까? 확 들이받고 나가버릴까 하는 생각이 하루에도 열두 번도 더 든다. 진짜로.

그런데 ABC뉴스의 조주희 서울 지국장은 이럴 때도 말하는 방식이 무척이나 중요하다고 말한다. 우선은 참아야 한다. 그리고 어떻게 말하느냐를 '전략적'으로 고민해야 한다. 우리를 괴롭히는 그 상사가 자신이 한 일을 모르고 있을 것이라고 생각하는데, 조주희 지국장의 생각은 달랐다. 일단 상사의 생각은 다르다는 것이다. 일부러 그렇게 한다고 가정해볼 수 있다. 한 번 시킬 일을 두 번 세 번 시키면서 부하 직원이 스트레스 받고 열 받게 한다는 것이다. 알고 그러는 것인데 그런 감정적인 상사에게 다가가 감정적으로 대하면 답이 없어진다. 그러면 정말 불에 기름을 붓는 격이 된다.

이런 경우는 단둘이 하는 대화가 가장 좋다. 따로 둘이 만나서 웃으면서 이야기를 시작한다. 웃는 낯에 침 뱉을 사람이 없기 때문이다. 그런데 이때 사용할 수 있는 가장 좋은 무기는 '칭찬'이다. 왜냐하면 사람들은 누구나 인정받고 싶기 때문이다. 그리고 그 정도의 입지까지 승진하고 나면 문은 점점 더 좁아지기 때문에 칭찬을 들을 기회가 거의 없다. 칭찬에 목말라 있다고 해도 될 정도이다. 자신의 힘을 과시하고 싶고 인정받고 싶은 욕구가 아랫사람에게 그렇게 투영된다. 자질구레한 일을 끊임없이 시키면서 아랫사람에게 괴로움을 선사하는 행동은 '내가 너보다 윗사람이야. 내 말을 들어줬으면 해' 하면서 권위를 내세우고 싶은 것이니까 그 권위를 느끼게끔 해줘야 한다.

말로 그 사람을 칭찬해준다. 너무 좋은 분이라고 말을 건네면서 이야기를 시작해본다. '지금도 너무 좋으시다'고 하면서 본론으로 들어간다. '그래도 마음에 안 드시더라도 예쁘게 좀 봐주세요. 제가 모자라기는 하지만 예쁘게 좀 봐주세요' 이렇게까지 말하는데 '너는 안 돼. 앞으로 계속 고생해봐야 해' 할 사람은 별로 없다고 한다.

그런데 이 간단한 진행절차를 해내는 데는 생각보다 시간이 걸린다는 것이 문제다. 조주희 지국징의 이야기를 빌자면 정말 '도를 닦고 가야 하는 것'이다. 왜냐하면 얼굴에서 정말 그게 티가 나지 않아야 하기 때문이다. 정말로 저 사람을 좋아하고 존경하고, 그리고 '우리 직원들이 다 존경해요' 이런 말이 얼굴에서 느껴져야 하기 때문이다. 그 정도 나이가 든 상사는 그런 척 하는 것과 진심인 것을 구분해내는 능력이 장착되어 있다. 아랫사람이 나에게 와서 이렇게 저렇게 말하는 게 다 보인다는 것이다. 그러니 그것이 안 보이게 하려면 정말 마음을 그렇게 먹여야 한다.

조주희 지국장의 설명은 연기가 아니라 내가 진심으로 그렇게 믿어야 한다고 강조한다. 여기서는 상대를 불쌍히 여기는 마음이 필요해진다. '그 사람이 그렇게 할 수 밖에 없었다'라고 미루어 짐작해본다. 아무리 그렇지만 자신이 좋아하지도 않은 사람의 마음을 어떻게 미루어 짐작할 수 있을까? 보기만 해도 감정이 쑥 하고 올라오는데 어떻게 그럴 수 있을까? 돌아온 답은 바로 '감정 훈련'이었다. 훈련을 해야 되고 감정을 연습해야 한다는 조언이다.

어딘가에서 슬픈 일을 겪거나 화나는 일을 겪을 때 자신에게 자꾸 말해보자. '휘둘리지 말자. 휘둘리지 말자.' 감정보다는 뇌를 움직이면 그 상황을 파악하고 분석하는 데 주위를 기울이게 된다. '이것을 내가 어떻게 마무리할 것인가?' 이렇게 생각하다 보면 감정은 가라앉고 전략적인 뇌가 활동하게 된다. 대단하다. 어떻게 저 짧은 순간에 저런 생각까지 할 수 있을까 감탄하고 있는데 조주희 지국장이 내게 해준 이야기는 '왕도가 없으니 자꾸 부딪혀봐야 한다'는 것이다. 그런데 그 말이 참 멋지게 다가왔다.

윗사람에게 쓴소리를 하는 방법이 있다. 우선은 그것이 충성심 혹은 상사를 위하는 마음에서 출발해야 한다. 상사에게도 부족한 점은 있게 마련이다. 그럴 때는 바깥 상황을 자세히 일러주면서 의사를 살짝 전달하는 방법을 쓸 수 있다. '의견'을 먼저 전달해서 '이렇게 하지 않으셨으면 좋겠습니다' 하지 말고, '정보'를 잘 전달하면서 '바깥의 분위기가 이런 분위기가 있는데 조심하시는 것이 좋겠습니다. 그러니 이렇게 하시면 어떨까요?' 하는 의사를 조심스럽게 표현한다. 이때 상사의 기분이 상하지 않게 이야기를 전달해야 한다. 다른 정보들을 이용해야 하므로 좀 힘들 수 있다. 그렇지만 지금 윗사람이 어떤 잘못을 하고 있는지를 아주 분명하게 전달해줘야 한다.

아무리 윗사람이라고 해도 그 사람의 잘못을 딱 찍어서 네가 나쁘다 이렇게 이야기를 하면 싫어한다. 그러니 주변의 이야기를 핑계 대면서 의논하는 태도를 지니고 접근하게 되면 '그래요'라고 동조를 하면서 동질감을 얻게 된다. 같은 편이라는 동질감을 갖고 '문제가 생길 수 있으니까 같이 고민해보시죠. 이런 게 대안이 될 수 있습니다'라고 말을 하게 되면 쓴소리도 자연스럽게 할 수 있는 것이다.

윗사람에게 하기 어려운 그런 쓴소리는 하는 것 자체가 조심스럽다. 그러나 내용은 분명하게 읍소하듯이 자연스럽게 이야기를 해보자. 쓴소리가 입에서 나가는 순간은 상사의 기분이 나쁠 수는 있어도 전해준 정보가 틀리지 않고 맞으면 또 불러서 이야기를 할 수 밖에 없다. 그 사람의 입장에서 이야기를 하면 쓴소리가 아프기는 해도 맞아떨어지기 시작하면 신뢰가 생기고, 신뢰가 생기면 더 깊은 이야기도 할 수 있는 것이다.

나의 쓴소리를 상사가 들어주면 좋고 그렇지 않으면 최소한 기분이 상하는 것은 피해야 한다. 한번 기분이 상하면 다음이라는 기회마저도 상실되기 때문이다. 윗사람이 화를 낼 수 없는 분위기를 조성하면서도 할 말을 늘 할 수 있어야 건강하고 오래가는 관계가 되는 것이다. 윗사람이든 아랫사람이든 아니면 동료든 어떤 관계든 간에 꾸준하게 갈 수 있는 관계는 서로서로 이야기를 할 수 있는 관계여야 한다. 그래야 긴장의 공기가 흐르고 그 긴장감은 건전하고 조심스러우면서 소중한 관계가 될 수 있게 만들어준다.

라이벌은
반드시 칭찬하라

　　'수퍼 드라이'라고 불리는 조주희 지국장도 숱한 라이
벌을 맞았다. 그러나 그때마다 자신의 연습 기회로 삼았다고 한
다. 처음부터 차분하게 대응할 수 있었던 것은 아니었다. 처음엔
라이벌들을 맞아 그들과 똑같은 방법으로 대처하기도 했지만 영
소용이 없었다. 그러면서 일이 벌어질 때마다 그때그때 대응하는
것이 가장 나쁜 대응 방법임을 깨달았다고 한다. 끝내는 자신의
자충수밖에 안 되더라는 결론을 얻었다고 한다. 도전하는 라이벌
이 선을 넘어서 자신에게 도전장을 내밀어올 때는 '내가 널 꼭 이
기고 말 거야'라고 같이 에너지를 넣어주는 방법보다는 '응, 그래

너 해' 이러고 한 발 물러나 주는 편이 오히려 도움이 된다는 사실을 시간이 지나고서야 알았다고 한다.

라이벌인 상대방이 거칠게 나올 때에는 본인의 마음도 급해서 억세게 나오는 수가 있다. 어쩌면 그렇게 자신의 에너지를 마음껏 분출하게 두는 것도 좋은 방법이 될 수 있다. 하지만 마음이 급하면 실수를 하게 된다고 한다. 그저 『손자병법』의 이야기처럼 싸우지 않고 이길 수 있다면 제일 좋지 않을까? 사실 라이벌이라는 것도 상대방이 나를 라이벌이라고 의식을 해야 라이벌이 되는 것이지, 그 사람의 동료라고 느끼게 해주면 아주 소용이 없는 일이 될 것이다. 자신의 편까지는 아니더라도 그냥 동료로 느끼게끔 행동을 해버리면 상대방이 혼자서 나를 라이벌이라 여길 수 없게 된다.

나를 라이벌로 생각하고 막 돌진해 오는 사람을 향해 '나는 당신의 라이벌이 아닙니다' 이런 느낌을 갖게 만들어버리면 김이 샌다. 조주희 지국장의 경험상 가장 잘 먹혔던 방법이라고 한다. 상대방 역시 나를 향해 열등감이 폭발한다고 해도 흥미가 생기지 않도록 만들어버리는 방법인 것이다. 공격력을 잃을 수 있을 만큼 무력화시키는 방법이다. 이런 '김빼기 작전'은 생각보다 효과가 높았다고 한다. 그리고 그 라이벌에게 좋은 이야기만 계속 해주는 것이다. 그럼 상대방이 더 이상 나를 라이벌로 생각하고 안 좋은 에너지를 불어 넣을 수 없게 된다.

말은 에너지의 결정체다. 에너지를 공급해주는 쪽으로 기울게 되어 있다. 계속 부정적이고 경쟁적인 언어로 상황에 에너지를 공급하게 되면 그쪽 에너지가 충만해진다. 체로키 인디언의 지혜로운 이야기가 있지 않은가?

한 늙은 추장이 그의 손자에게 삶에 대해 알려주고 있었다.

"내 안에서는 싸움이 벌어지고 있단다. 이것은 두 늑대 사이에서 벌어지는 끔찍한 싸움이지. 한 놈은 악이다. 그 놈은 화, 질투, 슬픔, 후회, 탐욕, 오만, 자기연민, 죄책감, 억울함, 열등감, 거짓말, 그릇된 자부심, 우월감, 자기불신 그리고 자존심이란다. 다른 한 놈은 선이다. 그 놈은 기쁨, 평화, 사랑, 희망, 평온, 겸손, 친절, 자비, 공감, 관대, 진실, 연민 그리고 믿음이지. 같은 싸움이 네 안에서도 일어나고 있단다. 그리고 다른 모든 사람들 안에서도 일어나고 있지."

손자는 잠시 생각을 하다 할아버지에게 물었다.

"어떤 늑대가 이기나요?"

추장이 말했다.

"네가 먹이를 주는 놈."

경쟁심을 키워가고 질투심을 키우는 쪽으로 먹이를 주면 악의 늑대가 배불러지는 것이다. 이겨야겠다는 생각에 눈이 멀면 평소에는 하지 않을 짓을 저지르게 된다. 라이벌을 대할 때도 그 경지에 이르지 않고 차분하고 전략적으로 접근해야 한다.

내가 성공하려면 누군가 나를 봤을 때 자기 일만 하는 사람이 아니라 '저 사람이 잘됐으면 정말 좋겠다'는 생각을 하는 사람이 많아지게 해야 한다. 물론 경쟁자들에게도 그런 생각을 갖게 할 수 있다. 이인선 전 경북 경제부지사가 자랄 때 넉넉한 집안이 아니었다. 공부를 그렇게 잘하는 학생도 아니었다고 한다. 그런데 점점 자라면서 자신의 입지를 다지고 그 지경을 넓혀가고 있는 것을 학교 동창들이 볼 때 별로 탐탁지 않았던 시절이 있었다. 그런데 세월이 가고 자녀들이 더 성장하면서 오히려 이인선 전 지사의 도움이 필요한 때가 있게 되었다고 한다. 든든한 친구로 있어주면 좋겠다는 마음이 들게 된 것이다. 사람 관계도 천천히 가는 것이다. 한 번 해서 안 되면 두 번 하고, 두 번 해서 안 되면 세 번 하자는 마음으로 천천히 가는 것이다. 급하게 서두르지 않는 게 방법이 될 때도 있다.

사내에서 이성간의 질투심을 누그러뜨리는 방법도 '칭찬'이라는 무기를 사용한다. 남자들의 질투심은 사실 겉으로 드러나지 않는 경우가 많다. 남자 라이벌에게 정보가 필요한 경우가 있다. 질투심이라는 것도 사실은 자신의 능력을 드러내고자 하는 욕구가 있어 흘러나온다. 그 사람에게 필요한 정보를 어디서 알아보겠다고 하면서 이야기를 건네 본다. 그 사람이 어려움에 처해 있을 때 혹은 뭔가 어려움이 닥치면 도와주는 것이다. 우선 조직 전체에 필요한 일이라고 하면 도와주자. '이런 부분은 당신밖에 할 수 없는 일인데 참 잘한다. 그런 당신을 위해 내가 이런 일을 해줄 수 있는데 필요하면 나와 함께 일을 해보지 않겠냐?'고 제안을 해본다. 일이 잘 끝났을 때도 사람들이 많은 곳에서 공개적으로 칭찬을 한다. 정말 그 사람은 일을 잘하더라고 소문을 내주는 것이다. 특히 가장 윗사람 앞에서 그 사람을 칭찬해준다. 제삼자로부터 자신의 칭찬을 듣게 되면 그 사람에게는 아주 색다른 경험이 될 것이다.

라이벌을 산들바람처럼 부드럽게만 대하는 것이 능사는 아니다. 질투나 경쟁심이라는 감정이 넘지 말아야 하는 선을 넘게 하는 경우가 있다. 물론 그것은 자신만이 결정한 선일 것이다. ABC 뉴스에서 일했던 조주희 지국장에게는 성차별과 인종차별의 선이 있었다. 가장 큰 문제는 바로 거짓말을 하는 것이다. 그런 때는 아주 무서운 표현을 사용했다고 한다.

라이벌이 본인에 대해서 거짓말을 하거나 본인이 하지 않은 일을 했다고 보고하는 거짓말은 눈 감아 줄 수 있다고 치자. 그러나 상대인 나에 대해서 하지 않은 일을 했다고 거짓 보고할 경우에는 아주 단호하게 말했다고 한다. "나는 가만히 있을 수 없어. 내가 정한 기일까지 네가 바로 잡아 주지 않으면 그 사실을 상사에게 바로 보고할 거야." 이럴 때는 우회적으로 하지 않아야 한다. 아주 단호하게 그리고 직접적으로 표현해야 한다. 이럴 때는 단 둘이 있을 때 이야기하는 것이 낫다. 이야기를 꺼내야 할 때는 '잠깐 나 좀 볼래?'라고 말한 후에 눈과 눈을 마주치고 1대1로 이야기를 해야 한다. 그래야 그 사람이 빠져 나갈 구멍을 막고 안 좋은 행동을 고칠 기회를 줄 수 있다. 굉장히 단호하게 말을 한 듯하지만 그 사람이 주의하고 자신의 행동을 수정할 수 있는 기회를 주게 되는 셈이다.

이럴 때 다른 사람과 동석한 자리에서 말을 꺼내지 않는 편이 좋다. 제삼자가 있게 되면 자존심이 상해서 상대방이 오리발을 내밀 수 있다. 그러므로 단 둘이서 문제를 해결하는 편이 좋다. 그러고 나서도 해결이 안 되는 사람들이 있다. 그런 경우는 구제를 할 수 없는 사람에 해당된다. 자신의 거짓말이 정말이라고 믿는 사람들이다. 그럴 때는 어쩔 수 없이 윗선에 보고를 해야 한다. 그런데 그때는 반드시 증거가 있어야 한다. 그러므로 이런 일을 시작할 때는 증거를 수집하고 준비하는 기간이 필요하다. 이때 나 스스로 선을 정해야 한다. 선의 경계는 물론 스스로 판단해야 하는 것이지만 상대가 그 선을 넘었을 때 어마무시하게 응징하지 않으면 자신을 지킬 수 없기 때문에 마음가짐을 단단히 해야 한다. 여성들이 상대적으로 부드러운 성격을 가지고 있어서 이렇게 결단하기가 어렵다.

'내가 너무 심한가? 이렇게까지 할 필요가 있을까?' 하는 고민을 늘 하게 된다. 그러나 이 부분도 연습하면 된다. 이런 일을 결행할 때 자신을 늘 돌아보는 연습을 하면 된다. 어떤 기준을 세우고 그 원칙에 따라 행하는 것이 없다면 그 사람은 리더로서 자격이 없는 것이다. 그 원칙이 누구나 공감할 수 있는 합리적인 것이라면 합리적인 선에서 무엇인가를 할 수 있어야 한다. 이런 결행은 해볼 필요가 있다.

나는 직설적인 언어로 상대방에게 불만을 이야기하는 자체가 불가능한 사람이었다. 우선 그 사람이 윗사람이든 아랫사람이든 동료이든 누군가에서 불만이나 나의 부정적 의견을 피력하는 것 자체가 너무나 큰 스트레스였다. 그런 일을 해야 할지도 모른다고 생각하는 순간 심장이 춤을 추듯 뛰기 시작한다. 내 가슴 속에 있는 심장이 100미터 달리기를 하듯이 멀리 뛰어갔다가 다시 들어온다. 감정 콘트롤 자체가 어렵다. 그래서 늘 피하기만 했다.

조주희 지국장의 선택이 달랐다. '만나면 막상 무슨 이야기를 해야 하지? 내가 이걸 어떻게 이야기를 해야 하지?'를 끊임없이 되뇌는 것처럼 사실은 감정 컨트롤 자체가 어려운 것이다. 이미 나는 화가 났는데 꼴도 보기 싫은 상대방에게 굉장히 합리적이고 객관적으로 이야기한다는 것은 상상이 잘 안 된다. 그런데 심지어는 웃으면서 이런 이야기를 하라는 충고가 말도 안 되게 느껴진다. 그러니 자꾸 연습을 해야 한다. 사실 이런 일은 실제로 해보면 내가 상상하는 것보다 그렇게 어렵거나 복잡하지는 않다. 첫 발을 떼고 내 입술을 떼서 말을 시작하기가 어려운 것뿐이다. 상대방에게 웃으면서 이야기를 하면 이야기가 생각보다 술술 풀리는 경우도 종종 볼 수 있다. 내가 생각했던 것보다 상황이 심각하지 않을 수 있다.

가장 무서운 상황은 내가 잘 모르고 있는 상황이지 그 자체가 지나치게 심각해서 나를 집어삼킬만한 상황은 그렇게 많지 않을 수도 있다. 사실 이렇게 어려운 과정을 거치면서까지 이 벅찬 일을 하는 것은 아이러니하게도 조금은 애정이 남아 있기 때문이다.

그러나 라이벌과의 '마지막 승부'가 필요할 순간도 있다. 이인선 교수는 일단 경쟁이 시작되었다면 한 번은 승부를 봐야 하는 순간도 온다고 했다. 그럴 때는 이기고 지고를 떠나서 온 힘을 다해서 그물을 쳐서 붙어 봐야 한다고 했다. 이때 인맥이 필요하기도 하다. 인맥 중에는 경쟁자에게 우호적인 사람과 그렇지 않은 사람들이 가득할 것이다. 물론 각오는 필요하다. 한 번 지면 자신이 물러나야 할 수도 있다는 각오는 하고 시작해야 한다. 그렇게 공을 한번 힘껏 던져봐야 한다. 또 공은 던지되 공이 목적을 달성하지 못하고 돌아올 때는 그냥 안 던졌다고 생각하고 가벼운 마음으로 받아야 한다. 꼭 성공해서가 아니라 거기까지 던졌을 때 도달한 지점이 어디인지를 주변에서는 지켜보고 있다. 최선을 다해서 던졌을 때 그 모습을 지켜본 사람들은 다음에는 지금까지와 다른 평가를 내리게 된다. 그리고 다음에는 더 과감하게 던져볼 수도 있을 것이다. 공을 지키려고 하기보다 던졌을 때 내게 더 많은 것이 남을 수 있다. 과감하게 자신을 던질 준비가 되어 있지 않다면 라이벌과의 전쟁에서 아무것도 이루지 못할 수도 있다.

완벽하려는 여성들은
칭찬에 인색하다

감성 마케팅이나 감각적인 능력들이 인정을 받을 때 여성들이 더 유리한 지점에 있음을 부인할 수가 없다. 가장 감각적이라는 영화판에서도 여성들의 이러한 장점들은 더 잘 발휘된다. 안수현 대표의 이야기를 들어본다.

"여성들이 더 디테일해요. 여성들이 더 생각도 많이 하고 더 정보도 많이 모아요. 여기서는 어떤 방식으로 저기서는 어떤 방식으로 일을 하고 있는지에 관심이 많아요. 여성들이 꼼꼼하고 일을 열심히 하는 것 같아요. 물론 남성들도 열심히 하겠지만, 확실히 여성들이 지기 싫어하는 성향이 있어요. 어렸을 때부터 이미 '여자로서 성공하려면 뒤떨어지면 안 된다'라는 생각이 강했기 때문일 텐데요. 그런데 저는 '세상살이는 가끔 져주기도 해야 하는구나'라고 느껴요."

월등하지 않으면 사회의 경쟁에서 이길 수 없다는 강박관념이 가득한 여성들에게 더 똑똑하고 열심히 하고 뛰어나다는 것을 언제나 증명할 필요는 없다고 강조한다. 필요가 없다기보다 그런 강박관념에서 벗어날 필요가 있다는 것이다. 본인이 뛰어나기보다는 내가 좀 모자라는 부분을 보여줄 때 사람들이 도와주러 달려온다. 결국 리더의 마지막 길은 '덕장'이 아닐까 한다. 때로는 져주기도 하고 더 심하게 '내가 좀 모자라!'라고 이야기를 하는 것이 자신감이 없는 것이 아님을 알아야 한다는 점이다. 길게 가려면 그렇게 내가 나 자신을 확 놔줘야 한다.

여자들은 자기 자신에 대해서 너무 완벽하려고 애를 쓴다. 그러면서 칭찬에도 인색해진다. 남에게 해를 주는 일이 아닌데도 불구하고 내가 굉장히 좋은 인재이고 좋은 사람이라는 것을 인정받고 칭찬받기 위해서 무척 노력을 한다. 그러다 보면 거꾸로 남을 칭찬하지 못하게 된다. 열심히 하는 내 눈에 다 조금씩 부족한 점이 눈에 띄기 때문이다. 그러면서 '왜 열심히 안 할까? 왜 저렇게 허점이 많을까? 나는 안 그랬는데' 하는 마음에 자꾸 그것만 보게 된다. 이런 마음을 담고 있으면 칭찬에 인색할 수밖에 없다. 그러면서 끝내 칭찬에 인색한 사람이 된다. 그러다 보면 외로워진다.

사람들이 자신을 조직의 일원으로 여기기는 하겠지만 정말 잘 됐으면 좋겠다고 진심으로 말하는 사람이 사라지게 된다.

안수현 대표가 바라본 안타까운 지점이 여기에 존재한다. 대부분의 일을 잘하고 인재인 여성들은 강박이 있다는 것이다. 본인도 완벽하고자 하는 강박이 있었다고 한다. 실수를 안 하려고 하는 것이다. 요즘은 오히려 본인이 실수를 하려고 한다. 실수라는 것이 항상 나쁜 건 아니다. 안수현 대표가 실수를 하면 좋겠다고 생각하는 것은 '실수를 꼭 하겠다'라기보다 '새로운 도전을 해보자'는 뜻이 아닐까? 그래야 리더가 되었을 때 팀원들도 보스가 하는 실수를 따라하면서 새로운 것도 해볼 수 있는 여지가 있게 된다. 한국화처럼 업무에서 여백의 미가 생긴다고 볼 수 있다.

만약 보스가 전혀 실수를 하지 않으려고 애를 쓰다 보면 끝내 아랫사람들의 목을 졸라야 하는 순간이 온다. 오히려 실수하자고 편안하게 마음을 먹으면 유연해져서 일이 더 잘 되는 순간들이 있다. 사실 해야 할 일을 적어두고 차례대로 진행한 날은 오히려 갇혀서 새로운 일을 할 수 없는 경우가 더 많다.

안수현 대표에게 최동훈 감독은 남편이자 그리고 파트너인데 두 사람의 파트너십은 어떨까? 그녀와 이야기를 나누면서 남편과 함께 일하는 것의 불편한 점보다 장점을 더욱 많이 느끼게 되었다. 측은지심으로 시작한 부부의 일이 무척이나 궁금했다. 안수현 대표가 한 인터뷰에서 최동훈 감독을 이렇게 평가했다.

"최동훈 감독은 안 대표에 대해 '최고의 분석가'라고 평했는데, 최 감독에 대해서는 어떻게 평가하나요?"

"시나리오 쓸 때는 '탁월한 이야기꾼', 연출할 때는 '사람의 매력을 최고로 이끌어내는 분'이세요."

《조선비즈》 2016년 2월 24일자 인터뷰 중에서

함께 일하는 배우들의 역량을 최고로 만들어 낼 수 있다는 최고의 찬사다. 그런데 영화판에서 쓰는 말 중에 "말을 밉게 하는구나"라는 말이 있다고 한다. 배우들이 글로 만들어진 대사를 실제 말로 할 때 이 표현을 사용한다. 연기를 통해 말로 표현할 때 배우에 따라 말을 참 예쁘게 하는 배우들이 있다고 한다. 반대로 말을 밉게 하는 사람들도 있다. 그럼 같은 대사인데도 묘하게도 그 사람이 하는 대사는 듣기가 싫어진다고 한다.

우리는 살면서 글을 잘 쓰는 방법은 공부도 하고 연구도 하지만 말을 예쁘게 하는 방법은 배운 적이 없다. 자라면서 글을 잘 쓰라고 배우지 좋은 글을 쓰라고 배우지 않는다. 말도 잘하라고 하지 예쁘게 하라고 배우지 않는다. 좋은 단어들을 사용해서 좋은 마음으로 이야기를 해야 하는데, 물 흘러가듯이 지식과 정보가 가득 담긴 말을 하도록 훈련되어 왔다. 특히 남의 잘못이나 문제점을 지적하는 말을 할 때 말을 밉게 하는 게 극단적으로 드러날 수 있다. 안수현 대표의 표현대로 하면 그럴 때 참 미운 단어들로 표현을 한다고 한다. 그러면 말로 상대방에게 상처를 심하게 주게 된다.

내가 병아리 아나운서였던 시절, 프로그램 모니터를 받는 것이 끔찍하도록 싫었다. 아카데미 한 번 다녀본 적 없이 갑자기 아나운서가 된 나는 방송인들이 쓰는 용어조차 낯설었다. 매일 뉴스를 연습하고 난 뒤에 떨어지는 선배들의 따갑기만 한 질타는 나를 분발하게 하기보다는 주저앉게 만들었다. 물론 선배님들은 내가 잘 되기를 바라서 조목조목 짚어주신 것이었지만, 나는 그 감정을 잘 이겨내지 못했다.

내가 선배 아나운서가 되고 팀장이 되었을 때도 모니터하는 일을 누구보다 조심했다. 조언이 때로는 열심히 하려는 열정에 상처를 줄 수도 있기 때문이다. 상대방 마음에 상처를 입힌다면 결코 그 사람에게 도움이 되지 못한다. 감정의 상처 때문에 받아들이지 못한 조언은 어떤 방법으로도 상대방을 성장시킬 수 없다. 이처럼 조언이라는 것이 말하고 나면 자신의 우월감만 느끼게 하고 상대방을 전혀 성장시키지 못하는 경우가 많다.

방송국에서 집단 모니터링을 하는 경우가 있다. 프로그램 하나를 선정해서 다 같이 '씹고 뜯고 맛보는 시간'이다. 그런데 이런 시도가 좋은 결과를 준 경우를 거의 보지 못했다. 모든 사람이 그 프로그램의 단점을 지적하고 비판하는 이야기를 듣고 있으면 내면에서 '내가 뭘 그렇게 잘못했는데. 너희들은 얼마나 잘해서?'라는 반발심이 올라오게 된다. 지금까지 그런 방식으로 살았는데 신랄하게 비판한다고 해서 그 사고방식이 하루아침에 바뀌기는 힘들기 때문이다.

안수현 대표는 '사람의 매력을 최고로 이끌어내는 분'이라고 칭찬했던 최동훈 감독을 보고 반성했다고 한다. 영화 촬영 현장에서 최동훈 감독은 배우들과 이야기하는 시간이 무척이나 많다. 영화를 만들 때는 제작자의 역할을 하지만 현장에서 딱히 하는 일이 정해져 있지 않은 안수현 대표는 최동훈 감독과 배우의 대화를 유심히 듣게 되었다고 한다. 감독이 오케이 사인을 할 때까지 배우의 연기가 완성되려면 많은 디테일을 손봐야 한다. 배우가 한자리에 앉아 있거나 서 있기만 한 것이 아니라 움직이면서 연기를 해야 하기 때문에 평소 쓰는 일상적인 동작이 연기에 그대로 들어가 있게 마련이다. 하지만 보통 사람들이 움직이는 방식대로 움직이면 화면에서 굉장히 어수선해 보인다. 그래서 상대 역할과 대화할 때 카메라가 어디에 있고, 시선을 어디에 맞추어야 하는지를 정해서 연기해야 한다. 이 훈련이 되어 있지 않은 배우들과 함께 작업할 때, 감독은 촬영을 하면서 화면에서 불필요해 보이는 동작을 없애가는 과정을 거쳐야 한다. 그래야 화면에서 보이는 배우의 동작이 아름다워 보인다.

이때 어떤 동작이 부산스럽고 집중을 방해한다고 해서 일방적으로 하지 말라고 이야기를 하면 배우의 감정이 깨지게 된다. 손을 그렇게 움직이지 말라고 하면 손을 움직이지 않는 데만 온갖 신경이 집중된다. 그러면 감정 몰입하기에는 아무래도 집중도가 떨어진다. 참 어려운 일이다. 사람의 감정이 '하지마'라고 하는 순간 '이게 안 좋구나 하지 말아야지' 이렇게 흘러가는 것이 아니라, '어쩌라고 나보고 손도 움직이지 말고 어떻게 연기하라는 거야' 하는 마음이 돼버린다. 즐겁고 깨끗한 마음으로 캐릭터를 연기해야 되는데 마음이 확 굳어버리는 것이다. 감독은 이 점을 제일 조심해야 한다고 한다. 잘못된 부분을 지적하고 그걸 안 하게 하면서 평소 그 배우의 연기보다 더 좋은 톤이 나오게 하려면 단어를 조심히 선택해서 사용해야 한다. 단어를 어떻게 고르고 배우에게 전달할지 감독들은 정말 많은 고민을 하게 된다.

물론 감독에 따라 팍팍 이야기하는 스타일도 있다. 감독의 스타일이 괴팍하다고 소문나면 배우들은 나름대로 마음의 준비를 하기도 한다. '원래 그 감독은 그렇게 말을 하는 사람이야' 하고 미리 준비하기 때문에 심하게 상처를 입지는 않는다. 그렇지만 소문이 난 경우도 아니고 서로 잘 모르는 사이에 감독이 말을 막 뱉어버리면 곤란한 상황이 발생한다.

우리가 살면서 다른 사람의 감정에 이렇게까지 신경을 쓰고 살았던가? 그러나 영화를 찍는 동안 배우와 감독에게는 감정 자체가 전부이다. 그 과정이 화면에 다 담겨지고 영화의 결과를 좌우하기 때문에 함부로 말을 뱉으면 안 되는 절박한 상황이 되는 것이다. 그러면 감독은 어떻게 이야기를 풀어야지 문제를 해결하면서도 더 좋은 연기를 배우한테 끌어낼 수 있을까?

최동훈 감독과 배우가 이야기하는 과정을 보고 있으면 '세상에서 가장 서로를 아껴줘야 하는 부부도 저렇게 이야기하지 않는데'라는 느낌이 들 정도였다고 한다. 안 대표는 자신도 다른사람에게 말할 때 최동훈 감독이 배우들에게 하는 것처럼만 부드럽게 이야기하고 칭찬을 해주면 좋겠다는 마음이 들었다고 한다. 이는 최동훈이라는 사람이 착해서 배우와 잘 이야기를 하는 게 아니라 배우의 감정선이 업무와 중대하게 연관되어 있기 때문이다. 현장의 권한은 감독이 모두 쥐고 있지만 찍어내야 할 결과물이 배우의 감정과 얼굴에서 그대로 담겨지기 때문에 감독이 막 흩뜨려 놓으면 안 되는 것이다.

'현장에서는 훨씬 더 감정적으로 일을 하지 않을까?' 하는 나의 예상은 보기 좋게 빗나갔다. 배우가 어떤 감정을 표현해야 하는 상황에서 감독은 그것을 끌어내야 하는 의무가 있다. 자연스레 감정을 끌어내기 위해서 좋은 말을 할 수도 있고 괴롭힐 수도 있겠지만, 배우 스스로가 우러나서 하고 싶게 만들어야 한다. 배우나 감독 모두 이 과정에서 노력이 필요한 것이다. 내가 잘나서 내가 착해서가 아니라 내가 행복해지고 싶어서 내가 잘하고 싶어서라는 마음에서 출발하면 계속 노력할 수 있는 원동력이 생긴다.

상대에게 칭찬을 잘해줄 필요도 있지만 자기 스스로 칭찬을 찾아와야 할 때도 있다. 회사생활을 하면서 열심히 일한 성과를 빼앗기는 것만큼 심하게 좌절될 때가 없다. 밤잠 안 자고 정말 열심히 했는데, 아무도 나에게 칭찬조차 안 해줄 때는 "저요!"라고 외치면서 손을 들어야 한다. 이야기를 안 하면 누가 정확하게 했는지 모른다. 그리고 리더라면 팀을 위해서라도 누가 일을 잘 해냈는지 끝까지 추적해내서 칭찬해줘야 한다.

영화 제작팀에서 해야 할 일 중에 하나가 촬영 장소를 물색하는 일이다. 열 명 정도가 적당한 촬영 장소를 찾기 위해 길을 나선다. 안수현 대표는 해당 팀장에게서 물색된 장소와 관련한 보고를 받는다. 그녀는 당연히 팀장이 찾았다고 생각하지 않는다. 그러면 물어봐야 한다.

"이 장소는 누가 찾은 거니? 이렇게 좋은 장소를 찾은 사람이 누구냐?"

그것도 모두가 다 있는 장소에서 물어봐 준다. "저요!" 하고 손들고 나오는 사람이 있으면,

"넌 참 감이 좋다."

이렇게 한마디를 건넨다. 이 '감이 좋다' 한마디는 순식간에 바이러스처럼 번져서 다른 사람도 감염시킨다. 자극을 받는 것이다. 사실 장소 헌팅 하러 나가서 정말 열심히 찾았는지 그렇지 않으면 시간만 보내다가 왔는지 알 수 없지만 좋은 장소를 찾아내었을 때는 반드시 칭찬을 해줘야 한다. 그리고 정말 찾은 장소가 좋고

그 장소에서 촬영할 때는 감독과 배우들이 있는 자리에서 다시 한 번 말해준다.

"이 장소는 제작부 막내가 찾은 겁니다."

그것도 며칠에 걸쳐서 이야기를 해준다.

"야, 너 감 좋다. 이런 데가 있는 걸 어떻게 알았냐?"

이렇게 2차 칭찬이 이어진다. 작은 일이지만 영화에 굉장히 중요한 영향을 미칠만한 것들을 찾아내었을 때는 반드시 칭찬을 해주되 자세하게 칭찬을 해야 한다고 강조한다. 그리고 "저요!" 하기 전에 찾아서 칭찬을 해주는 것이 좋다. 선배가 위에 있을 때는 "제가 했어요!"라고 말하기 어려운 경우도 있으니까. 조직의 성격에 따라 다를 수 있지만 똑같이 열심히 일을 했다고 해도 "제가 했어요"라고 말하다 보면 다른 관계에 영향을 줄 수 있다. 그럴 때 일수록 선배가 먼저 물어봐서 칭찬해주고 다들 분발하자고 말하면 좋다.

그런데 이런 일이 일어나지 않으면 개인적으로 '티'를 내는 것도 좋은 방법이다. 다들 열심히 일을 하고 있는데, "제가 했습니다"라고 생색을 내는 건 좀 어렵다. 이럴 때는 다 같이 식사를 하거나 그렇지 않으면 술자리가 있을 때 '스윽' 이야기를 꺼내는 것이다. "그걸 제가 찾았는데 말이죠. 감독님이 마음에 들어하셔서 너무 좋았어요. 제가 찾을 때는 좀 힘들었습니다." 이렇게 센스 있게 의사를 전달하면 좋을 듯하다. '말하지 않아도 알아요' 같은 노래 가

사처럼 되는 일이 얼마나 있던가? 같은 집에서 함께 사는 남자도 내가 말을 안 하면 모르는 일이 태반인데, 회사에서 벌어지는 일이야 오죽할까?

3

말이 통하는
여자

말대답하는
여자

　　어릴 적 아버지의 팔짱을 한번 껴보고 싶었다. 내게 세상에서 제일 멋진 남자는 우리 아버지였다. 그런데 너무 엄한 할머니가 계신 탓에 아버지에게 애교 섞인 목소리로 "아빠~"라고 불러 보지를 못했다. 할머니 집에서 실컷 놀다가 엄마 아빠만 보면 신생아로 돌아가버린 듯 목소리가 변하는 우리 딸과는 사뭇 다른 상황이다. 또 나는 엄한 경상도 집안의 분위기 때문에 어른들이 말씀하실 때 대꾸를 하면 안 된다고 배웠다. 호랑이 같은 할머니에게 한마디도 '대응'하지 말라고 배웠다. 때로는 어른들의 판단이 틀릴지라도 아니라고 말해보지 못했다.

러쉬 코리아의 김미현 이사를 만나는 순간 이런 나의 어린 시절이 떠올랐다. 너무 다른 어린 시절 때문이었다. 김미현 이사는 아주 독특한 이력의 소유자다. 미국에서 미술을 전공했으나 IT기업에 입사를 해서 자신의 입지를 탄탄하게 만들어왔다. 그 과정에서 정말 각양각색의 남자 사장님들과 일을 해왔다. 남자들의 세상, 남성적인 리더십의 다양한 형태를 경험할 수 있었던 것이다. 남자들이 대부분이어서 남성 중심적일 수밖에 없는 IT업계에서 생존하는 방법을 터득할 수 있는 좋은 기회를 갖긴 했지만, 순간 갈증을 느끼고 있었기에 여성들의 세상이라고 할 수 있는 화장품 업계로 자리를 옮겼다.

이런 이력을 가진 그녀는 여성과 남성 리더들의 특징을 잘 이해하고 이야기해줄 수 있는 사람이었다. 게다가 현재 여성들에게 가장 요구되는 전략적인 사고를 담당하는 마케팅이라는 업무를 하고 있다는 점도 무척이나 매력적이었다.

그녀와의 인터뷰는 참 인상적이었다. 화장품이란 여성들의 마음에 판매가 좌지우지되는 상품이라 감각적이고 감성적인 마케팅을 하지 않을까 싶었다. 화장품 마케팅을 담당하고 있는 사람이라면 감성의 소유자일거라고 생각했던 것과 달리 그녀는 굉장히 공격적이고 아주 논리 정연한 사람이었다. 그녀의 말투와 사고방식은 어디서 시작된 걸까? 놀랍게도 그것은 아버지의 교육철학에서 비롯되었다고 한다.

김미현 이사의 아버지는 아주 독특한 생각을 가지고 계셨다. 딸들에 대한 기대가 남달랐다고 한다. 딸들이 자라는 세대에는 남자들과 경쟁에서 이기는 사람보다 잘난 여성들과 경쟁에서 이겨야 하는 시대가 올 것이라면서 다른 집 아들 부럽지 않게 키우기보다는 더 잘난 딸로 키우기 위해서 애를 쓰셨다고 한다. 그녀의 아버지는 특히나 논리 정연하게 말대답을 하면 무척 뿌듯하게 생각하셨다고 한다. 내 딸이 싫은 것은 '싫다', 좋은 것은 '좋다'를 명확하게 설명할 줄 아는 아이이고, 자녀의 의사를 부모라는 이름으로 누르면 안 된다고 판단하셨기 때문이다. 그래서 어린 시절 그냥 아무 이유나 논리 없이 떼를 쓰면 야단을 맞았지만 왜 그 일이 싫은지를 분명하게 설명하면 야단맞지 않았다고 한다.

어린 김미현은 스스로에게 끊임없이 '왜?'라는 질문을 던졌다. 아버지가 '그게 왜 싫은데?'라고 많이 물어보셨고 그러다 보니 상대방을 설득하는 데 어느 정도 자신감이 붙었다고 한다. 어릴 때부터 아버지에게 자신의 행동을 설명할 논리를 준비하기 위해 끊임없이 자신에게 묻고 답하는 훈련이 되어 있었던 것이다. 그런데 특이하게도 첫 직장은 남성들이 우글우글한 IT업계였고, 그녀의 논리적인 기질은 직장에서 많은 도움이 되었다고 한다. IT업계에서 그녀의 업무는 마케팅 디렉터였다. 주로 기계를 다루는 엔지니어들에게 감성적인 포인트가 필요한 지점을 설명하거나, 마케팅에 돈과 시간과 노력을 들여야 하는지 이유를 설명해야 할 때 자신의 논리를 준비하는 습관이 굉장히 유용한 스킬임을 깨달았다고 한다.

내가 판단컨대 그녀의 논리 정연함은 아주 훌륭한 무기이다. 굉장히 감성적인 아니 감정적인 나는 조직생활을 하면서 보고를 하거나 다수의 사람들에게 내 의견을 피력할 때마다 늘 고민하였다. 시사프로그램을 진행할 당시의 상황을 짚어보면 이러하다. 아침 회의 시간 방송에서 다룰 사건 아이템을 선정한다. 그날의 아이템은 수원에서 발생한 토막 살인 사건을 꼽았다. 그럼 그때부터 그 사건에 대한 의문점이나 알고 싶은 것들을 정리한다. '왜 그런 짓을 했을까?', '피해자와 그는 어떤 사이일까?', '용의자의 직업은 무엇인가?'

프로그램의 제작을 맡고 있는 분은 나에게 질문을 한다. '사건이 어떻게 발생을 했는가? 그리고 용의자는 어떤 과정을 거쳐서 검거되었는가?' 등 내용이 궁금하기도 하지만 추가 취재하거나 프로그램에 반영할 내용들이 있는지를 확인해보는 것이다. 그런데 생각지도 못한 질문을 가끔 하는 경우가 있다. '용의자가 피해자의 손목을 어떻게 묶었지?'

한번도 생각해보지 못한, 심지어는 취재해볼 생각조차 없었던 항목을 질문하면 내 입에서는 그저 '아~' 하는 한숨만 나온다. 어쩌면 취재를 해야 하는 뉴스의 특성으로 볼 수도 있다. 그러나 뉴스 이외에 사안을 보고할 때도 나의 허술함이 좌절감으로 바뀌는 데는 그렇게 오랜 시간이 걸리지 않았다. 가장 난감한 질문은 '왜 그렇게 생각했지?'였다. 새로운 프로그램 런칭이나 개편을 앞두고 있을 때 '왜 그렇게 판단했고 그 근거는 무엇인가?'라는 뜻의 질문이었으나 난 늘 그 문제에 대답할 준비가 전혀 되어 있지 않았다. 나의 절망은 현재가 아니라 미래에 있었다. '이런 나의 단점을 과연 개선할 수 있을까?' 시간이 좀 걸리더라도 이런 단점을 불편하지 않은 수준으로 끌어올릴 수만 있다면 좋겠다고 생각했다. 이런 걱정에 대한 김미현 이사의 답은 무척이나 명쾌했고, 내게는 무척이나 희망적이었다.

"100퍼센트 길러질 수 있다고 보고요. 지금 제가 현재 있는 조직에서도 해보고 있어요. 나름 성공한 여성뿐만 아니라 남성들도 이러한 소통에 약해요. 남녀 공통의 문제라고 생각해요. 남성들이 보고를 잘할 거라는 막연한 생각을 갖고 있지만, 실제로 남성들의 경우는 디테일한 부분을 놓치는 경우가 있어서 꼭 여성만의 문제라고 할 수는 없어요. 다만 여성들이 좀 더 감정적이라는 선입견과 세세한 부분들에 집중하다 보니까 논리가 약해보이는 것뿐이지 여성이 논리가 없는 것은 아니기 때문에 남녀 공통의 문제이죠. 그래서 저는 직원들에게 이러한 부분들에 대해서 팁을 줍니다. 물론 훈련도 동반을 하지요. 그러면 모두가 하루아침에 100퍼센트 개선되는 것은 아니지만 생각보다 꽤 짧은 시간에 바뀔 수 있습니다."

아! 이런 이야기를 좀 더 일찍 들을 수 있었다면 정말 좋았을 텐데 하는 아쉬움이 남았다. 그녀의 특훈 방법은 무엇일까? 그녀가 알려주는 팁은 이러하다. 스스로에게 같은 상황을 놓고 '왜?'라는 질문을 세 번 하는 것이다. 같은 상황 같은 주제를 놓고 '왜?'라고 자신에게 세 번을 묻고 답을 한다.

'나는 시원한 아이스커피를 마시고 싶어.'

'왜?'

'시원하니까.'

'시원한 게 왜?'

'덥잖아.'

'더운 게 왜?'

'더우니까 시원하고 달달한 것이 먹고 싶은 거지.'

이런 방법으로 세 번을 '왜? 왜? 왜?'라고 질문하게 되면 좋은 훈련이 된다. 이는 스스로가 준비할 것들을 알게 해주는 좋은 방법이다. 그리고 방어의 수단도 된다. 프레젠테이션이나 보고를 할 때 상대방이 비논리, 불합리 심지어는 꼰대주의로 똘똘 뭉쳐 트집을 잡기 위해서 질문을 하는 경우도 있다. 상대방이 묻기 전에 '왜?'라고 하는 질문이 나올 것을 파악해서 답변을 준비하는 습관을 길러야 한다. 그러면 그 상황에서 나올 수 있는 웬만한 질문에는 대비되어서 나갈 수 있다. '왜?'라고 하는 질문을 계속 하는 과정에서 우선 팩트를 체크할 수 있고, 그 팩트로 인한 가능성이나 위험성을 모두 점검할 수 있기 때문에 그에 대한 것을 합리적으로 설명할 수 있는 문장을 준비할 수 있다. 이러한 소통의 방식은 얼마든지 훈련으로도 습관화할 수 있다고 한다.

김미현 이사는 '왜?'라는 질문이 아주 입에 배었다고 한다. 누구한테나 '왜?'라는 질문을 하고 어떤 사안이든 상황을 따지지 않고 '왜?'라는 질문을 했다. 아주 어렸을 때부터 '왜?'라는 질문을 달고 살아서 선생님께 야단도 엄청 많이 맞았다고 한다. 윗사람에게 '왜?'라고 질문하면 알고 싶어서가 아니라 대든다는 오해를 받을 수 있기 때문이다. 또 지금도 여동생들과 함께 모여서 이런 저런 이야기를 나눌 때도 이 습관이 나온다고 한다. 화장품부터 연예인들의 토픽들까지 남들이 보면 군이 '왜?'라고 묻지 않아도 되는 것들에 대해서 꼭 '왜?'라고 묻는다고 한다. 사실 연예인들의 스캔들 이야기는 당사자가 아닌 다음에야 정확한 사실을 알 수는 없다. 그런데 그 일에 대하여 끊임없이 '왜?'라고 묻는 순간 유추하는 능력까지 기를 수 있기 때문이다. 이러한 작업을 직원들과 진행해본 결과 같이 일하는 동료들이 상당한 수준으로 발전하는 것을 많이 목격했다고 한다.

이 대목에서 나는 나 자신을 돌아보게 되었다. 아들을 선호하는 엄한 할머니가 있는 가정에서 자란 나는 전혀 이런 훈련이 되어 있지 않았다. 지시하고 시키는 일은 정말 열심히 할 준비가 언제나 되어 있었지만, 나의 의견을 피력하고 상대방을 내 방향으로 오게 하는 능력을 키우지 못했던 것이다. 내가 원하는 방향으로 일이 되어가지 않아도 상대를 설득하려는 시도조차 하지 않았다. 이 글을 읽는 독자 중에는 어쩌면 나처럼 훈련이 되어 있지 않아서 준비가 안 된 스스로에게 실망하고 좌절하는 분이 있을 것이다. 그럴 때는 김미현 이사가 알려주었듯이 직장에서도 일상에서도 '왜?'라는 질문을 통해 조금씩 논리적으로 생각하는 습관을 길러나가기를 추천한다.

제대로
요구하라

우리 집에는 두 명의 여자가 살고 있다. 나와 다섯 살 우리 딸. 우리 딸은 잘하는데 내가 잘 못하는 것이 있다. 바로 뭔가를 해달라고 요구하는 것인데, 딸은 틈만 나면 무엇인가를 해달라고 나에게 무턱대고 졸라댄다. 나는 그걸 참 못한다. 어릴 때부터 뭔가 사달라거나 해달라는 요구를 별로 하지 않았다. 부모님이 내게 무엇인가를 해주고 싶으셔도 경제권을 쥐고 있는 할머니의 눈치가 보였기 때문인 것 같다. 그러한 상황이라도 내게 무엇인가를 해달라고 졸라댈 수도 있지만 나는 포기하는 쪽을 선택했다. 상황이나 환경에 기인한다기보다는 나의 성향이 그랬던 것으로 보인다.

예전에 나는 말없이 묵묵히 일을 하는 것이 최상이라고 여겼다. 말 많은 사람보다 충성스러운 사람이 되어야 한다는 강박관념 때문이었다. 회사에서 내게 어떻게 대우하던지 '믿을 수 있는 사람이 되자' 하는 마음이었다. 그런데 그렇게 하는데도 내게 제대로 된 보상이 주어지지 않으면 지치게 된다. 그래서 적절한 보상을 위한 뭔가를 '요구'할 줄 아는 힘도 필요한 것이다.

부장이 되기 전에 차장이 있는 이유를 생각해본 적이 있는가? 회사에서 입사해 열심히 일을 하다 보면 일을 능숙하게 하는 순간까지는 가는 건 그렇게 어려운 일이 아니다. 물론 처음부터 잘하는 사람들도 있지만, 조금 서툴고 이해력이 떨어진다고 해도 절대량이 많아지면 능숙해지고 익숙해지기 마련이다. 사람들이 회사생활에 어려움을 느끼는 것은 이런 기술적인 문제가 아니다. 바로 사람과의 관계를 조율하고 설명하고 이해하는 데서 문제가 생긴다. 이때 차장이라는 자리는 사람들 사이에서 그 다리 역할을 한다. 차장은 후배들이나 팀원들의 '요구'도 반영해야 하고, 회사라는 이익집단의 요구도 수용해야 하는 샌드위치 신세로 양측의 요구를 전달하는 데도 지혜로워야 한다.

우리 스스로가 바라는 것을 어떻게 '요구'하고 어떤 시점에 어떤 방식으로 말을 해야 좋을까? 러쉬 코리아의 김미현 이사가 '요구'를 '디맨드(demand)'라는 단어로 표현하였다. 자신이 원하는 것을 말할 수 있는 '표현력', 그리고 그것을 관철시킬 수 있는 '정치력'을 합한 개념이라고 설명했다. 거기에 '관계를 내가 원하는 쪽으로 리드할 수 있는 능력'까지 포함되었다고 볼 수 있다. 여기에서는 디맨드라는 단어를 그대로 사용하겠다.

요구하는 능력인 디맨드는 직장에서 말하지 않고 그냥 다니면 되는 능력이 아니다. 조직에 속해 있으면 내가 디맨드를 하거나 그렇지 않으면 디맨드를 당하는 둘 중 하나의 처지에 놓이게 된다. 작업을 수행하는 대부분의 직장인들은 디맨드를 당한다. 업무에 대한 응당한 대가를 지불받거나 필요한 지원을 받아야 할 때 당당하게 디맨드를 해야 한다. 같은 상황이라면 선점의 효과가 있어 디맨드를 하는 쪽이 우위를 점한다. 디맨드 하는 상황은 그저 나의 노동력의 대가를 지불받는 것으로 그치지 않는다. 내가 성장하고 발전하기 위해 회사에 디맨드 할 경우도 있지만 누군가로부터 협력을 얻어내거나 지지를 끌어내기 위해 디맨드 할 경우도 있다. 그때마다 적절한 톤과 매너, 그리고 전략을 가질 수 있어야 한다.

한 신입사원이 김미현 이사와 함께 일하는 팀장에게 질문했다고 한다.

"이사님은 어떤 사람을 좋아하세요?"

"그건 잘 모르겠고, 이사님이 싫어하는 유형은 있어."

"그게 뭔데요?"

"의견이 없는 사람을 싫어해. 자기 의견이 없는 사람."

김미현 이사는 그 의견 자체가 맞고 틀리고 적합하고 적합하지 않고 정확한 판단을 원하는 게 아니라 스스로 생각하고 판단해보 았느냐가 중요하다고 말한다. '그 사안에 대해 진지하게 고민을 해보았는가? 그에 대한 자신의 의견이 있는가? 그리고 그 의견을 바로 상사에게 전달해보았는가?'가 중요한 것이다. 보통은 '어떻 게 말하는 것이 좋을까? 상사의 마음에 들까?' 이런 고민을 할 때 가 많은데 정작 회사에서 요구하는 사원의 자질은 그것이 아니다.

한 대기업 사장이 내부 프레젠테이션을 없앴다고 한다. 내용을 준비하는 데는 절반 정도 에너지만 쓰고 그 PPT자료를 만드는 데 시간을 너무 허비한다는 의견 때문이라고 한다. 그래서 직원들은 메일로 보고자료나 기획서를 직접 보내고 피드백을 받았다. 물론 그 직원들은 사장의 아주 직접적이고 직설적인 답장을 받았다. 보 고할 때 많이 듣게 되는 말이 '요점만 말해'인 것이다. 그 말은 때 로는 따가운 질책처럼 들리지만 많은 판단을 해야 하는 임원의 입 장에서 어쩌면 정말 절실한 요구, 디맨드인 것이다. 그러므로 요 점만 잘 말할 수 있다면 좋은 반전이 될 수 있다. 여성들은 부드 럽고 에둘러 표현한다는 선입견을 갖고 있는 보스라면 더욱 좋은 인상을 남길 수 있다. 심지어는 그렇게 요점만 간략히 보고했을 때 당황하는 경우도 있다고 한다. 자신의 두각을 나타낼 수 있는 기회인 셈이다. 사람에 대한 판단은 이렇게 찰나에 이루어질 수도 있다.

디맨드의 항목 중에는 '칭찬 혹은 박수'도 포함된다. 앞서 잠깐 후배들이 자신의 성과에 대해 슬쩍 어필하는 것에 대해서도 말했지만 자신의 팀의 성과에 대해서도 디맨드 할 수 있다. 김미현 이사가 러쉬 코리아에서 실시한 자뻑 퍼레이드도 이런 디맨드에 속한다고 한다. '우리가 이러한 성과를 만들어 냈습니다' 하고 스스로 뿌듯해 하는 것만으로는 아무런 의미가 없다. 그 과정에서 단순히 자랑질만 했다면 아무런 의미가 없었겠지만, 누구 한 사람이 잘나서가 아닌 우리 모두가 기여한 활동이었다는 것을 모두에게 알리는 작업을 통해 러쉬를 알리고 나아가 해당 팀의 자부심과 자존감을 올려 줄 수 있었다. 누군가는 자뻑 행위를 낯부끄럽게 생각할 수 있다. 내가 무엇인가를 해 놓고 정말 잘했으니 박수쳐달라고 하는 것이 어색할 수 있다. 어쩌면 절실하지 않아서 그런 건 아닐까?

김미현 이사는 큰딸로 자라면서 동생들에게 엄마를 양보해야 하는 것부터가 디맨드를 위한 노력의 시작이었다고 한다. 가만히 있으면 챙겨주지 않는다는 것을 자신은 진작에 터득했다며 웃었다. 형제자매들 사이에서 엄마의 사랑을 나눠가져야 하는 일은 보이지 않는 자연적인 경쟁인지도 모른다. 어릴 때부터의 습관들이 모여 그녀는 자연스레 어떻게 자신의 성과를 보여주고 또 좀 더 괜찮은 방법으로 어필할 것인가 고민했다고 한다. 그저 어린 여자

아이의 질투나 욕심이 아니라 자신을 만들어가는 그녀의 모습이 당당해 보였다. 김 이사는 이런 디맨드를 잘하는 것도 욕구가 있어야 한다고 말한다. 심리학적으로 사랑받고 싶은 욕구가 강했기 때문에 자신은 디맨드를 잘할 수 있었다고 말한다.

사랑받고 싶지 않고 칭찬받고 싶지 않은 사람이 있을까? 그것이 남자든 여자든 말이다. 다만 그 욕구를 드러내는 것 자체를 부끄러워하고 있는 건 아닐까? 그러나 욕구를 효과적으로 드러내고 그에 대한 보상을 받는 과정은 반드시 있어야 한다. 툭 하고 자신의 삶을 털어놓은 그녀 앞에 나의 삶도 이야기했다. 계약직 아나운서로 시작해서 짤리고 절망했던 나의 삶에 대하여 상세하게 이야기를 나누었다. 그 과정에서 디맨드 하지 않고 살아왔던 식물 같았던 내 삶에 대해 이야기했다. 그녀는 내게 '과연 절박했는가?'를 물었다. '심장이 쿵하고 떨어질 만한 위기가 없이 어쩜 고비마다 잘 넘어왔기 때문에 그 절실함이 없는 것은 아니었겠냐고' 말했다. 그런지 확신할 수 없었으나 찬찬히 나의 내면을 들여다보니 그랬다.

그녀에게 늘 세컨 찬스는 없다는 데서 오는 절박감이 있었다고 한다. 나에게 두 번씩 기회를 줄 정도로 너그럽지 않다는 데서 오는 절박감이 자신을 그렇게 끈질긴 사람으로 만들었다고 한다. 어릴 때 미국이라는 타국에서 자라면서 늘 사랑만 받고 지내지는 못했다. 말이 통하지 않아서 왕따가 되었던 적도 있었는데 그 생각이 아직도 생생하게 그녀의 머릿속에 남아 있다. 그런 경험들이 그녀를 절실하게 만들었고 그 절실함은 그녀를 더욱 담대하고 당당하게 만들었다. 미술을 전공했던 그녀라 IT업계 쪽에 입사했을 때는 기술에 대해 문외한이었다고 한다. 아무도 도움을 주는 사람이 없는 상황에서 처음부터 맨땅에 헤딩해가면서 열심히 해왔다고 한다. '무엇이든 하면 된다. 일단 해보는 거고 그게 몇 번의 시행착오를 거치더라도 잘하려면 왕도가 없다. 무조건 그만큼의 시간과 노력이 들어가는 것 밖에는 답이 없다'라고 느꼈다고 한다. 그녀는 정말 창피한 그 순간을 기억하면서 앞으로 나갔다고 한다. 그녀의 절실함은 정도가 달랐다.

이 디맨드는 라이벌에게도 적용할 수 있다. 회사에서 경쟁은 성과로 말해지는데 아무리 재능이 뛰어나다고 해도 조직에서는 혼자서 이길 수가 없다. 그런데 대부분의 사람이 그렇게 뛰어난 재능을 지니고 있는 것도 아니다. 그러니 평소 나와 아주 가까운 사람이 아니라고 하더라도, 라이벌이라고 하더라도 내 편으로 만들어서 경쟁을 해야 한다. 그런데 내 편으로 만든다는 게 그 사람이 나를 좋아하고 좋아하지 않고의 문제가 아니다. 나에 대한 우호적인 감정을 갖고 있느냐 아니냐가 아니라 '당신이 나를 도와주면 그 이익이 당신에게 돌아가는 것이다'라는 점을 분명히 해주어야 한다.

남성들의 경우 여성보다 더 전략적이고 조직적이어서 혼자 움직이기보다는 이익을 주고받는 것을 먼저 생각해서 계파를 만들 줄 안다. 반면 감성적이고 감정적인 경향의 여성들은 상대방이 나에게 우호적인 감정을 가지고 있으면 일단 안심하고, 평소에 소통이 잘 된다고 느끼면 내 편이라고 착각한다. 이는 어리석은 일이다. 회사에서는 상대방도 조직원에 불과한데 나에게 좋은 감정이 있다고 하더라도 자신의 월급이나 위치를 걸고 나를 도와주는 일은 벌어지지 않는다. 물론 그렇게까지 비장하게 생각할 일이냐 하는 문제는 미뤄놓는다고 할지라도 최소한 '내 편을 만들어야지'라고 생각하는 것과 호감하고는 상관이 없음을 인지해야 한다.

나의 적이 된 사람이 내 편이 되게 하는 방법은 과연 무엇일까? 우선은 솔직해지는 것이다. 솔직하게 "나는 이런 일을 이번에 해내야 하는데 당신의 도움이 필요해. 그러니 나를 도와줘. 그럼 나도 당신에게 이렇게 해줄 수 있어"라고 말하는 것이다. 이렇게 자신의 요구를 이야기해본 적은 있을까? 사람들이 눈여겨보는 사람은 착한 사람이 아니라 만만치 않은 사람이다. 물론 실력이 있어야 만만하게 볼 수 없겠지만, 자신의 요구를 분명하게 이야기하는 사람은 그 요구를 관철시켜 줄 수 없을지라도 저런 요구를 하는 것을 보니 믿을 수 있는 사람이겠다는 인상을 주게 된다. 라이벌과의 관계가 무척 나빠서 위 방법으로는 안 되겠다 하는 생각이 든다면 그 사람을 움직여 줄 수 있는 사람을 찾아가보는 방법도 있다.

경제부지사를 지냈던 이인선 계명대 교수는 질투심에 사로잡힌 그도 나에게 부탁할 때가 온다고 했다. 그럴 때 부탁을 들어주거나 정보를 주면서 얼마든지 내 편으로 만들 수 있다고 한다. 질투심을 가진 상대방은 자신의 장점이 드러나기를 바란다. 그럴 때마다 잘됐다며 박수를 치기보다 힘들 때 한번 도와주면 그 호의를 마음의 장바구니에 담아둘 것이다. 조직 전체에 필요한 일이니 명분도 충분히 서는 일이다. 상대방을 설득함에 있어 가장 중요한 점이 '저 사람이 잘돼야 내가 잘되겠구나' 하는 생각이다. 라이벌을 한편으로 만들 수 있는 좋은 기회다. 시기와 질투를 하던 사람들도 '저 사람이 잘 되면 내게 좋은 것이 오겠구나' 하는 것을 인지하는 순간 지지자로 바뀌게 된다.

가장 이타적인 것이 정말 이기적인 것이다. 라이벌을 비롯한 주변의 사람들을 돌아보고 자신이 그중 한 사람이라는 사실을 잊지 말자. 경쟁이나 설득이라는 과정에서는 나만 보이는 경우가 많다. 내가 이겨야 한다는 생각이 전체적인 그림을 보지 못하게 하고 그저 그 사안만 들여다보고 달리는 경주마가 되게 한다. 이런 오류에서 벗어나 내가 이 일을 해냄으로서 이익을 얻는 사람과 피해를 보는 사람이 누구인지 판단하고, 영원한 적도 동지도 없음을 잊지 않는 유연한 사고가 필요하다. 감정에 갇히지 말고 유연성을 발휘해보자.

무시,
자존심을 지키는 방법

      인터뷰 내내 만났던 선배 언니들은 내게 행운이라는 말들을 참 많이 했다. 그래도 지금은 직장생활을 잘하는 것과 리더로 성장하는 데 대해 고민해볼 수 있지 않느냐고 말이다. 성공한 선배들 덕분에 우리는 직장생활을 돌아보고 '성공'에 대해 탐색해볼 수 있는 상황이지만, 험난한 과정을 거쳐 온 선배들에게 닥친 당시 상황은 '생존'에 관한 문제였다고 할 수 있다.

      이인선 전 경제부지사는 22년의 직장생활 중에 참으로 많은 일이 있었다고 한다. 보기 드물게 여성 과학자로서의 자신의 무대를 만들어온 그녀에게는 순간순간이 선택의 연속이었다. 문득 궁금했다. 이공계 전문가로 살아가기로 한 선택은 누가 한 것이었을까?

여자가 일하는 것은 선택이었던 시절. 이인선 전 지사의 언니와 아버지는 그녀에게 많은 영향을 주었다. 독립유공자의 자손이었던 아버지는 전쟁을 치르고 참으로 어려운 시기를 살아내면서 딸들은 이과에 가야 하고 자격증을 가져야 한다는 생각을 하셨다고 말했다. 위급한 상황에 처해 있을 때는 기술이 있어야 하고, 기술을 가지고 있어야 남편으로부터 독립적으로 생활할 수 있기 때문이라고 했다.

획기적인 아이디어를 가진 아버지 덕분에 이과에 가고 직장생활을 시작했지만 차별을 느끼는 것을 어쩔 수는 없었다. 이공계에서는 남성들의 문화가 강해서 남성들의 잣대가 훨씬 강하게 작용했다. 아무리 논문 점수가 100점이라고 해도 여성이 자신들의 기준에서 못하면 '내 그럴 줄 알았다' 하고, 잘하면 '저건 악바리라서 그렇지' 하는 뒷소리를 듣기가 십상이었다. 평가의 범주는 늘 존재했지만, 그녀는 항상 남자들이 가진 논문보다 두 배 이상을 가지고 있어야 같은 평가를 받을 수 있다고 생각했다. 평가를 못 받아서 밀리는 것보다는 내가 더 많이 가져서 시기의 대상 내지는 입방아에 오르내리는 일은 이제 그만해야겠다고 결심하고 연구원으로서 더 많은 결과물을 만들자는 생각으로 열심히 지냈다고 한다.

그러나 부당한 일은 늘 생겼다. 자존심이 바닥을 기어다녀야 하는 위기의 순간도 늘 있었다. 최선을 다했던 노력들이 마지막 평가의 순간에 수포로 돌아갔다. 자기들만의 리그에 아예 껴주지도 않을 때가 많았다. '어떻게 내가 저들만의 리그에서 나의 리그가 되도록 할 수 있을까?' 고민이 깊었다. 소외 아닌 소외를 당하면서 '아예 경쟁 자체를 할 수 없는 지경에 이르는 것은 아닐까?' 하는 두려움과 함께 외로움은 늘 친구였다. '나는 정말 자존심도 없는 걸까?' 생각하는 순간들도 많이 있었다. 한번 소외당하기 시작해서 멀어지면 영원히 멀어지기 때문에 모르는 척하고 못 들은 척하는 무시의 전략을 시작했다고 한다.

못 들은 척 못 느낀 척 약간 둔한 듯한 모습을 보였다. 왜 모르겠는가? 사람들의 수군거림까지도 다 알고 있지만 전혀 못 들은 사람처럼 대하는 것이다. 남들은 내가 그들과 같은 편이라고 생각하는데 정작 그들의 무리에는 들어갈 수 없어 겉도는 지경이다. 그러나 그것을 인정하고 말하는 순간 기정사실이 되어버린다. 말은 에너지의 총합이다. 그 말은 뱉어진 후에는 그 목적을 다 이룰 때까지 계속 떠돌게 되어 있다. 지금은 내가 원하는 것을 못 갖지만 못 갖는다는 걸 너무 표를 내면 다음에는 아예 제외가 될 수 있다. 약간은 바보처럼 무심한 듯, 그리고 좀 눈치가 없는 사람인 것처럼 행동했다.

그렇지만 그녀는 답을 다 알고 있었다. 그런데 내 약점을 알리고 하소연한다고 해서 사람들이 나를 돌봐주지는 않는다. 나의 약점을 고스란히 드러내는 것은 좋은 방법은 아니다. 결국은 무심한 척 행동하는 편이 낫다. 그렇지만 언젠가는 저들이 나를 필요로 할 때까지 열심히 준비해야지 하는 다짐은 잊지 않는다.

무딘 척 무시하고 살았지만 그녀가 경쟁에서 무심하게 손을 놓고 지내본 적은 없었다. 늘 긴장하면서 '나를 어떻게 판단할까?' 하는 레이더를 늘 세우고 살았다. 그녀는 그것을 '살아남기 위한 이중성'이라고 표현했다. 그야말로 백조처럼 겉으로는 평안한 척 했고, 물밑에서는 굉장히 애쓰고 노력한 것이다. 사람들의 시야에서 벗어나면 영원히 눈에 보이지 않게 되니까 벗어나지 않기 위해 노력한 것이다.

처음 교수가 되었을 때도 남성들이 서로 자신의 입지를 위해서 경쟁하는 그들만의 리그였다고 한다. 그러나 경쟁이 치열해지자 중재안으로 논문이 많은 사람에게 자리를 주자는 결론이 나면서 준비가 되었던 이인선 전 지사에게 기회가 찾아왔다. 그러나 교수가 되어서도 남자 동료들의 인정을 받기까지는 상당한 기간이 걸렸다. 비아냥거림도 늘 있었다. 그러다 국가에서 지원해주는 연구비를 받아오고 나서는 인정받기 시작했다. 아이러니하게도 무시당함에서 벗어날 수 있는 방법은 '실력'뿐이었다.

그녀는 원하는 일을 당장 이룰 수 없다는 걸 잘 알고 있었다. 주위에서 느껴지는 무시와 소외감을 지금 당장 해결하려고 하면 지게 된다는 것도 잘 알고 있었다. 이미 프레임이 만들어진 상황에서 뭔가에 충격을 줘서 판을 흔들어줘야 했다. 그녀는 판을 흔들기 위해 끊임없이 노력했고, 원하는 것을 쟁취하기 위해서 온 힘을 다했다. 판이 나에게 기울어졌다면 나를 무시하고 소외감 느끼게 하는 상황 자체에 몰입할 필요가 없다. 그리고 상대방의 입장에서 생각해 본다. '아 그렇게 생각할 수 있겠다' 하고. 그러나 상대방이 승복할 수 있는 결과물을 만들기 위해서 끊임없이 노력하면 된다. 이 결과물이 종국에 나를 더욱 빛나게 해줄 거라는 믿음을 갖고 말이다.

이 전 지사의 경우 지방대 출신이라는 점이 늘 출발선상에서 밀리게 하는 요인이었다. 그렇지만 그녀는 우선 쿨하게 인정했다. 다들 열심히 공부할 때 나는 학교에 다니면서 놀았으니까 하며 부족한 점을 인정하고 나를 끌어가는 동력으로 삼은 것이다. 내가 그럴 수밖에 없었다고 자신을 위로하고 언젠가는 결과물을 내서 상황을 바꾸면 된다. 영화 제목처럼 내 안에서 들리는 부정적인 '그 놈 목소리'가 가장 무서운 것이다. 그 목소리를 때로는 무시해야 한다.

사람을 만나 성과를 만들고 싶은 나의 마음과 다르게 상황이 흘러갈 때가 있다. 그럴 때는 나의 서운한 마음을 무시하고 사람을 남긴다고 생각하자. 모든 행운과 기회는 사람을 통해서 흘러온다. 일에서 성과를 낼 수 없다면 사람을 남기려고 노력해야 한다. 누구를 만나러 가는 일이 성사가 되지 않아도 저 사람을 내게 재산으로 남게 해주시겠지 생각하면서 가면 된다. 그런 마음이면 늘 싹싹하고 씩씩하게 웃으면서 사람을 만날 수 있게 된다. 부담 없이 사람을 만나보라. 이번 기회에 일을 이룰 수 없다고 할지라도 조언을 해줄 사람을 남겨보는 것이다. 조언을 받고 나면 특유의 싹싹함으로 '열심히 하고 있습니다. 응원해주세요' 문자를 보내면서 관계를 만들어나간다. 사람들과 관계를 만들어나갈 때 가장 주의해야 하는 점은 바로 '진정성'이다. 사람은 영혼을 지니고 있는 동물이라 그 사람이 진심이 아닐 경우는 금세 눈치를 채게 된다는 사실을 잊지 말자.

누군가 나를 우려의 시선으로 바라본다면 그것을 두려워하지 말고 '그럴 만한 사정이 있겠거니' 하면서 우려의 목소리를 무시하라. 내 의견을 말하지 않으면 남들이 모르는 것처럼 그런 근심 걱정과 두려움을 노출하지 않으면 아무도 알 수 없다. 라이벌이라는 사람도 그렇다. 회사에서 늘 비슷한 능력과 스펙으로 나의 이름과 항상 거명되는 그 사람. 때로는 그 사람에 대한 생각을 하지 말자.

어느 광고에 '빨간색을 찾아보세요'라고 한다. 그러면서 이어지는 화면 속 어느 한 곳에 빨간색이 등장했다. 빨간색 승복을 입은 승려. 빨간색 티셔츠. 그 광고의 멘트처럼 빨간색에 집중하니까 다른 것들이 보이지 않았다. 보이지 않게 되었다기보다는 다른 물체들도 함께 보기는 했지만 나의 뇌리 속에 남아 있지 않았다.

라이벌도 신경 쓰기 시작하면 라이벌이 되는 것이다. 김춘수 시인의 시 「꽃」에서 '누가 네 이름 불러주었을 때 그는 나에게로 와서 꽃이 되었다'처럼 그 사람의 의미는 내가 그를 어떻게 불러주느냐, 그리고 그에게 어떤 의미를 부여해주는가에서 결판난다. 라이벌이 나에 대한 고약한 이야기를 전하고 도전해올 때 생기는 마음을 무시해보자. 속상했던 마음이 무력화되어진다. 솜방망이처럼 공격력이 무뎌질 때까지 그를 칭찬해보자.

나는 천성이 아주 예민하고 뾰족한 사람이다. 싫증도 아주 잘 내는 편이다. 그런데 이런 나를 감당해주는 괴물이 우리 집에 살고 있다. 바로 우리 남편이다. 내가 우리 남편과 연애를 시작할 때쯤 정말 예민한 시기를 보내고 있었다. 늘 묵묵하고 말이 없는 우리 남편을 향해 나는 뾰족하고 아픈 소리를 참 많이 하기도 했다.

"당신 마음이 변하지 않을 거라고 어떻게 증명할 수 있지?"

그때마다 우리 남편의 답은 늘 같았다.

"보면 알지. 난 안 변해."

별말 없이 그 한마디로 10년째 내 곁을 지키고 있다. 나의 말에 일일이 대응하지 않고 '열심히 일하고 힘내'라는 격려의 메시지를 보내고 있다. 내가 참 이기기 어려운 사람이 우리 남편이다. 내 안으로 날아오는 뾰족한 화살들을 피하거나 이길 수 있는 방법은 별일이 아니라고 무시해버리고 원칙을 지키면서 멀리 보고 나가는 것이다. 혹시 마음에 그것이 스치고 지나가더라도 그것은 아무 일이 아니다. 대세에 지장을 주지 않는다. 그러니 마음의 소용돌이를 만들지 말고 조용히 우아하게 마음에서 밀어내라. 그리고 유유히 백조처럼 호수 위를 헤엄쳐라. 멀리 바라보면서 우아하게.

선배가 의지할 수 있는 후배가 되라

사람과 사람 사이에서 가장 중요한 것은 신뢰다. 고객과의 관계이든 회사 내부에서 만들어지는 관계이든 간에 신뢰가 있어야 좋은 관계가 형성되고 오래간다. 입사했을 때 가장 먼저 만나게 되는 인간관계는 아마 선후배의 관계일 것이다. 조윤선 문화체육관광부 장관이 변호사로 일할 때 팀을 이루어서 일을 하게 되었다. 그녀는 믿음직한 변호사가 되고 싶었다고 한다. 선배이기도 한 그녀의 남편에게 물었더니 '선배가 의지할 수 있는 후배가 되라'고 했다.

변호사 조직은 소통이 많이 이루어지는 곳이다. 각 프로젝트마다 팀원이 다르고, 각기 다른 선배와 일을 하게 되어 있어 어떤 판단을 내릴 때도 팀 간의 끊임없는 커뮤니케이션을 통하게 된다. 조윤선 장관은 이러한 팩트가 있는데 어떻게 판단하면 좋을지 항상 선배들과 상의를 했다고 한다. 선배와 상의하기 전에 혹시 선배가 그 사건에 대해 잘 모르고 있으면 해당 사건에 대해 정확한 판단을 내릴 수 있게끔 근거가 되는 팩트들을 잘 정리해서 브리핑을 했다. 판단의 근거를 위해서 후배 변호사들에게 자료를 준비시키고, 선배들과는 최선의 방법이 무엇일지 함께 상의해서 전략을 만들어갔다. 정확한 근거를 바탕으로 부단히 함께 상의하다 보면 동떨어진 판단을 하는 일이 많이 발생하지 않았다.

상의를 할 때에는 오피스 컨퍼런스를 진행했다. 회의이긴 하지만 아주 딱딱한 형태의 회의가 아니라 진행하고 있는 소송에 대해서 팀원이 함께 모여 공부한 내용을 공유하고, 이야기를 나누는 과정에서 서로에게 인사이트를 주는 방식이다. 공부를 하면서 일을 하는 방식으로 선배와 후배 모두가 일에 직접 참여하고 그 결과가 소송에 영향을 주게 된다.

매번 선배와 상의하는 일이 힘들다고 느껴질 수 있지만 큰 판단 착오를 줄이는 장점이 있다. 혼자 해내겠다고 틀어쥐고 앉아 있으면 반드시 사고가 발생한다. 처음에는 함께 논의하는 과정이 불편할 수도 있겠지만 실제로 소송을 진행해보면 기우임을 느낄 수 있다. 선배가 자기한테 더 이상 가지고 오지 말라고 할 때까지 상의를 하는 것이 원칙이다. 이때 틀린 부분이 있으면 선배가 바로 잡아주는데, 그녀는 그 과정도 참 중요하다고 느꼈다고 한다. 그래서 선배를 붙들고 상의하는 과정을 많이 활용했다고 한다. 일을 하다 보면 오자가 나오기도 하는데 내용적으로 수정되는 부분이 없으면 그 오자라도 고칠 수 있는 기회를 한 번 더 갖게 된다. 문장이 이상할 때에도 아주 신랄하게 선배의 코멘트를 받았고, 일이 진행되는 동안의 과정을 다 노출시켜서 일을 했다고 한다.

업무를 지시받고 나면 그 업무 진행 상황이 팀장이나 보스에게 제대로 노출되지 않을 경우가 있다. 하루 이상 진행되는 사안이라면 반드시 매일 그 과정을 노출해야 한다. 선배가 그 과정을 모르고 있다가 진행이 아주 많이 되어 버린 상황에서 사안의 문제점이 발견되면 아무것도 하지 못하는 순간이 올 수 있기 때문이다. 그녀가 국회의원이었던 시절에도 이렇게 함께 일을 공유하면서 처리하는 방식을 택했다고 한다. 어디 인사말이 예정되어 있어서 그 인사말을 써서 비서관이나 보좌관에게 보여주고 이걸 이렇게 하고 싶은데 생각은 어떤지 반드시 물어보았다. 수정하고 의견을 듣는 과정에서 선배들의 손만을 거치는 것이 아니라 후배들의 의견도 함께 들을 수 있어서 서로 이야기하는 과정이 무척이나 중요하다. 단선적으로 의견을 듣는 것보다 뒤죽박죽처럼 보이더라도 이렇게 왔다 갔다 일을 진행하다 보면 어느새 서로의 지혜가 뭉쳐 지금보다 조금씩 더 낫게 만들어지는 마법을 부리게 된다. 집단

지성의 힘이다.

변호사로 일하던 그녀가 정치권에 들어오면서 만나는 사람들이 더욱 다양해졌다. 조윤선 장관은 대변인을 지내면서 그동안 쌓아왔던 논의와 협업의 과정을 계속 가져갔다. 변호사 시절 만나는 동료들과는 다르지만 대화를 통해서 자신의 업무에 도움을 많이 받았다고 한다. 대변인이라고 하는 자리가 사람들이 보기에는 말을 하는 자리처럼 보이지만 사실은 메시지를 만드는 자리이기 때문에 굉장히 부담이 크다. 단지 말을 수려하게 해서 사람들의 환심을 사는 것이 아니라 민심도 당심도 알고 있어야 적절한 메시지를 만들 수 있다. 이 메시지가 나갔을 때 사람들에게 어떤 파장을 일으킬 수 있는지 검증해야 하는 자리인 셈이다. 그 메시지를 선택하는 것은 쉬운 일이 아니다.

대변인 시절에도 이렇게 상의의 과정은 계속되었다. 당대표와 원내대표, 정책위의장 세 명의 의견을 동시에 물어본다. 세 사람 모두가 그 사안에 대해서 다 잘 알고 있는 것은 아니다. 어떤 사안은 한 가지의 결론으로 수렴되는 경우도 있지만, 또 어떤 사안은 저마다 각자의 의견이 있어서 넓은 사각형이 되는 경우도 있다. 대변인은 거기서 어느 부분에 방점을 찍어 설명할 것인가를 결정해야 한다. 상황이 이러하면 대변인으로서는 고민이 깊어진다. 사안에 대해서 늘 당대표에게 질문을 계속할 수도 없고, 또 설령 당대표와 사전에 상의했다고 할지라도 면책이 되는 것은 결코 아니기 때문이다. 이렇게 고민할 때 앞으로 당이 어떤 메시지를 내놓을 것인가를 묻는 기자의 전화가 걸려온다. 그녀는 이때 도리어 기자들에게 민심을 물어본다고 한다. 국민들이 어떤 길로 가기를 원한다는 걸 언론인들이 가장 잘 알고 있기 때문이다. 기자와 이렇게 질문하고 논의하는 과정에서 생각지도 못한 포인트에 대한 이야기를 들을 수 있고, 한 사안에 대해 의견을 수렴할 수 있는 실마리를 얻을 수 있다고 한다.

신뢰는 어떤 장점보다 무겁다. 선배도 후배도 믿을 수 있는 사람이 되는 것, 그 어떤 실력보다 강력한 힘을 발휘한다. 조윤선 장관처럼 끊임없는 소통을 통해 선후배 사이에서 그리고 동료들 관계에서 신뢰를 쌓아보자.

세 명의
대화

일을 하면서 평소에 많은 이야기를 나누는 것은 집단 지성을 활용하는 방식이다. 케이퍼필름을 이끌고 있는 안수현 대표는 끊임없이 이야기를 주고받는다고 한다. 영화를 한 편 찍을 때 100명 정도의 스태프가 움직이는데, 그중 주로 5~10명 정도와 소통을 많이 하게 된다고 한다. 무에서 유를 창조하는 일을 하다 보면 소통할 때 어려운 부분이 발생한다. 방향을 정하는 일도 어렵지만 디테일에 대한 서로의 생각이 굉장한 차이를 보이기 때문이다.

이럴 때 좋은 의견을 수렴하는 방법은 무엇일까? 처음에는 시나리오 하나를 보고 '이거 재미있는 작품이 되겠구나' 하는 하나의 생각으로 만난 사람들이다. 배우가 그 시나리오를 본 뒤 하고 싶다고 해서 오케이를 했고 투자사가 돈을 대겠다고 했지만, 글이 영화로 옮겨지는 과정에 들어가다 보면 조금씩 생각이 달라진다. 배우나 감독은 하나하나 본인들이 해내야 하기 때문에 많은 아이디어와 다양한 의견이 나올 수 있다. 장면 하나씩을 촬영할 때마다 생각이 다른 대목이 나오고, '난 이거는 고치고 싶어', '나는 이런 것들을 넣고 싶어' 하는 대목들도 많이 나오게 된다. 사람이니까 어찌 보면 당연한 일일 수 있다. 다들 내 영화라고 생각하고 결과적으로는 좋은 영화가 탄생하기를 바라는 마음에서 잘해보려고 노력하기 때문이다.

그 모든 의견을 다 반영해서 시나리오를 수정하고 감독이 연출을 하면 영화는 산으로 가게 될 것이다. 이때 무엇이 좋은 의견이고 무엇이 버려야 할 의견인지 선택하는 것이 감독이 해야 하는 일이다. 물론 그 과정에서 안수현 대표와 같은 제작자가 의견을 조율하기도 한다. 현장에 직접 발을 담그고 있는 사람보다 객관적일 수 있기 때문이다. 그녀가 한 신 한 신을 직접 고민하는 것은 아니기 때문에 여유 있는 눈 혹은 냉정한 시선으로 사람들 간의 논의를 지켜볼 수 있다.

예를 들어 배우와 감독이 둘이서 계속 이야기를 하는데도 불구하고 접점이 만들어지지 않는 경우가 있다. 심지어 그 둘의 의견이다 맞을 때도 있다. 그러면 제삼자로서 안수현 대표가 의견을 이야기한다. 누구의 편을 들지 않고 오히려 한 사람의 관객의 입장에서 더 재미있고 흥미로운 쪽으로 의견을 낸다. 팽팽하던 두 사람이 반응을 보인다. '그래? 너무 내 입장에서만 생각했나? 좀 더 객관적으로 볼까?' 하는 제3의 의견이 만들어지는 것이다.

둘이서 이야기를 할 경우 합이 잘 맞을 수 있고 또 일을 진행하는 속도를 무척이나 빠르게 만들 수도 있지만, 의견이 틀어져서 싸울 수도 있다. 그런데 세 명이 모이면 확실히 대화의 객관화가 가능해진다. 결국 고무줄놀이를 할 때 '깍두기 역할'을 하는 한 사람을 내 편으로 끌어들여야 한다. '두 사람의 이야기를 들었는데 나는 이 쪽이 더 좋을 것 같아'처럼 깍두기 역할을 내 편으로 만들던 네 편으로 만들던 설득의 논리가 만들어지고, 팽팽하던 현장에서 물꼬가 트이게 된다.

감독은 더 잘 찍고 싶은 마음 때문에 돈을 더 쓰고 싶어 하고, 투자자는 어떻게든 비용을 줄이고 싶어 한다. 예산을 적당히 써서도 좋은 작품이 나왔으면 좋겠지만 감독과 투자자의 입장이 다르므로 의견이 갈라진다. 이때에도 두 사람의 의견이 잘 조율될 수 있도록 조정이 필요하다. 주로 감독이 원하는 만큼의 예산을 투자자들에게 받아 내지 못하기 때문에 감독에게 '포기하세요. 그냥 이 정도에서 찍으세요'라고 해야 된다. 그런데 '내가 제작자니까 내 말대로 해주세요. 돈이 없으니 그냥 찍어주세요'라고 하는 것은 아무렇게나 찍어도 된다는 말과 다르지 않다. 감독 입장에서는 잘 찍고 싶어서 돈도 시간도 필요하다고 말한 것인데 돈도 없고 시간도 없으니까 그냥 찍으라고 이야기하면 '그래? 그럼 대충 찍으라는 거야?' 하면서 의욕이 확 줄어버리게 된다. 최악의 커뮤니케이션이다. 그런데 이 방법은 시간도 짧게 소요되고 결론을 내기 쉬운 방법이라서 회사에서 이런 식의 커뮤니케이션이 많이 이루어진다.

그럴 때는 다른 방법으로 해보면 어떨지 상대방에게 추천해야 한다. 오히려 한계가 있을 때 더 재미있는 아이디어들이 나올 수 있다. "외국에서 영화를 찍을 때 돈이 없어서 다른 방법을 썼더니 결과적으로 영화가 더 재미있었던 적이 있었다"고 하면서 "새로운 아이디어를 생각해보자" 하면 한계 상황을 좀 더 받아들이기가 수월해지고 다른 방법을 생각해볼 수 있는 여지가 생긴다.

〈암살〉이라는 영화는 180억 원의 제작비가 들어간 대작이다. 시나리오와 캐스팅이 끝났을 때도 제작비를 어떻게 분배할 것인가는 안수현 대표의 고민이었다. 액수가 많을 것이라고 생각은 했지만 꼼꼼하게 계산을 해보니 180억 원이 나왔다. 한국 영화 평균의 4배가 넘는 엄청난 액수이다. 이런 예산을 짜왔을 때 최동훈 감독도 놀랐다고 한다. 제작부에서 하나씩 하나씩 계산하다 보면 정확한 숫자가 나오는데, 높게 나올 거라고 예상은 하고 있으면서도 예산에 대해 전해 들으면 감독들 대부분은 "왜 이렇게 많이 나와?"로 반응한다고 한다. 그리고 예산이 왜 많이 나왔는지 설명하기 시작하면 감독은 "좀 줄이자"라고 말한다고 한다.

〈암살〉은 시대물이어서 시대 상황을 보여주기 위해 제작비 중 세트와 미술비에 상당한 돈이 들어갔다. 특히 중국 상하이 촬영장의 대여비가 엄청 비쌌다. 거리 단위로 가격이 매겨지는데, 딱 필요한 만큼만 빌리면 그 바로 뒤의 장소를 다른 작품에게 대여해버린다. 다른 영화가 촬영하는 모습이 카메라에 잡히는 게 싫으면 더 빌리라는 뜻이다. 중국의 물가도 많이 상승해서 이전에 찍었던 작품들보다 대여료가 올랐는데, 이전의 대여료로만 예상하고 있던 터라 어려움을 겪게 된 것이다. 중국 촬영장 대여비는 한중합작을 할 경우 절감될 수 있는 부분이었다. 중국 배우 한 명을 주인공으로 출연시키는 것으로도 조건을 만족시킬 수 있었다. 이미 임달화를 〈도둑들〉에 출연시킨 이력이 있는 최동훈 감독인만큼 〈암살〉에서 중국 배우가 출연해도 될 법했지만, 이야기의 결집력을 위해 대여비 절감을 포기했다고 한다. 이런 조율과 소통은 현장에서 끊임없이 대화를 나누면서 이루어졌다고 한다.

영화계의 경우를 예로 들었지만 상대를 설득하고 조율하는 소통 능력을 키워서 업무에 연결시킬 수 있어야 한다. 사적인 일에 대해서는 자신 있게 소통하고 의견이나 감정을 잘 전달하면서 업무와 관련되어 곤란한 상황이 생긴다면 그 상황을 받아들이고 조율하려고 최선을 다해 노력하고 있는지 한번 돌아볼 만한 일이다.

사생결단하고
설득하라

     설득을 잘하는 전문가가 있다면 변호사를 들 수 있다. 설득하지 못하면 패배하는 일밖에 남지 않으니 말이다. 조윤선 장관은 로펌 출신의 변호사이다. 지금의 로펌은 누구나 다 오고 싶어 하는 곳이지만, 그 당시만 해도 사법시험 성적이 좋은 친구들은 로펌을 선택했다는 이유만으로 부모님과 갈라서는 일까지 있었다. 로펌에 가면 얼굴 안 본다는 일들이 비일비재하던 시절이었다. 로펌을 이해하지 못하는 사람들에게 얼마나 장래성이 있고 보람 있는 일인지를 설명해야 하는 것부터 시작해야 했던 조윤선 장관에게 '설득'은 일상이고 의무이고 기회였다.

법을 잘 모르는 고객에게는 법에 대해 알려주어야 하고, 사실관계를 잘 모르는 법관에게 사실관계를 정확하게 알려서 옳은 판단을 내리게 해주는 것이 변호사가 해야 할 일이다. 이때 변호사는 전체 사실관계 중에서 어디에 어떤 프레임을 갖다 대고 이야기할 것이며, 어디서 좌표를 만들 것인가를 정하는 일을 해야 한다. 모든 사실을 다 설명하고 이야기할 수 없으므로 선택과 집중이 필요하다. 선택과 집중을 통해 걸러낸 사실관계가 가장 설득력 있게 보일 수 있도록 끊임없이 생각해야 한다. 변호사 업무를 하다 보면 선택의 연속이고, 그 선택을 돋보이도록 생각하는 훈련이 가장 많이 되어 있다.

변호사이므로 판사를 설득하는 것은 아주 당연한 일이지만, 사건을 맡았을 때 처음 당면하는 과제는 고객을 어떻게 설득하는가이다. 변호사에게 사건을 맡긴 고객들은 생존이 걸린 문제여서 무조건 변호사를 믿는다고 하더라도 자기 나름대로 가고자 하는 방향이 있을 것이다. 이때 전문가의 입장에서 보기에 고객과 생각이 다르다면 고객이 생각을 바꾸도록 설득해야 한다. 끊임없이 재판부와 고객을 설득하는 일을 하면서 변호사는 설득에 대한 고민을 가장 많이 하게 된다.

사회생활을 변호사로 시작한 조윤선 장관은 평소에도 '어떻게 하면 설득을 할까? 어떻게 하면 상대방이 나의 말을 듣게 할까?'를 고민했다고 한다. 같은 팀에서 일을 하는 것도 마찬가지이다.

내부적으로 어떤 소송을 진행할 때 간사 역할이 떨어지면 위로는 선배 변호사와 아래로는 후배 변호사 사이에서 허리 역할을 해야 한다. 팀원들의 역할을 분담해서 나눠주고 자신을 믿고 따라오면서 사명감을 갖고 헌신할 수 있도록 동기부여를 해야 한다. 소송을 여러 개 맡고 있는 선배 변호사들이 이 사건에 관심을 기울이도록 하고 진행하는 일들을 확인할 수 있게 하려면 그 또한 설득 작업이 있어야 한다. 그녀의 업무는 처음부터 끝까지 하루 종일 설득의 연속인 셈이다.

그녀는 변호사라는 직업을 통해서 똑같은 문장을 써도 '어떻게 하는 것이 더욱 설득력이 있을까?'를 끊임없이 고민하게 되었다고 한다. 똑같이 법정에서 이야기를 해도 '어떻게 하면 내가 더 신뢰감이 있게 보일 수 있을까?' 하는 생각을 늘 하게 된다고 한다. 법정에서 신뢰감은 아주 중요한 무기다. 저 사람은 거짓말하지 않을 것 같다는 느낌을 주는 게 매우 중요하다. 상대방 변호사가 아주 치명적인 논거를 들고 나왔을 때 변호사로 가장 먼저 드는 생각은 '내가 저 사람을 꼼짝 못하게 만들어야지'일 수 있다. 하지만 판사에게는 그 증거나 결과보다는 처음부터 끝까지 어떤 변호사가 더 합리적이고 신뢰감 있게 정도를 지키면서 일을 해왔는가가 훨씬 설득력 있게 다가갈 수 있다.

선배 변호사들은 조윤선 장관에게 정도를 지키고 신뢰감을 주는 것을 굉장히 강조했다고 한다. 소송 중에 막 더 나가고 싶은 마음이 드는 순간에도 그 선을 잘 지켰던 노력이 좋은 결과를 가지고 왔다고 이야기했다. 증거와 서류만의 싸움이라고 생각했던 법정에서도 가장 중요한 키포인트는 '신뢰할 만한 사람인가?'의 사람에 대한 느낌이다. 변호사가 변론을 진행할 때 실력도 중요하겠지만 듣는 사람이 변호사의 말을 감성적으로도 이성적으로도 사실이겠다는 느낌과 생각이 들도록 하는 것이 성패를 좌우한다. 이처럼 설득에 대한 고민을 10여 년 넘게 하다 보니 그것이 몸에 배었다고 한다.

우리가 어떤 일을 할 때 사람들을 설득해보려는 의도는 늘 가지고 있지만 변호사처럼 사생결단하면서 설득해내야겠다는 생각을 못 하는 경우가 더욱 많다. 하지만 어떤 일이든 노력에는 장사가 없다. 설득하는 일이 그저 어렵기만 하고 타고난 설득가들만 설득을 잘 해낼 수 있을 것이라는 선입견을 버려야 한다. 그녀가 노력했듯이 꾸준히 설득에 관심을 갖고 이런 저런 방식들로 도전해보면서 나만의 레시피를 완성하는 것이 가장 중요하다.

2008년 국회의원이 되면서 조윤선 장관이 읽었던 한비자의 이야기는 자신에게 설득에 대한 아주 큰 영감을 주었다고 한다. 한비자에서 보면 바른말을 하는 충신은 언제나 목을 걸어야 했다. 바른말을 한 충신은 다들 사형을 당했기 때문이다. 그중 한 일화가 그녀의 마음을 사로잡았다. 은나라 때 '이윤'이라는 사람의 이야기이다. 선비 이윤은 탕왕을 옹위한 뒤 낙향하여 농사를 짓고

있었다. 그런데 왕이 실정한다는 소문이 돌았다. 민심마저 흉흉해
지고 있었다. 자신이 다시 상경해서 왕에게 바른말을 해서 보좌를
해야겠다는 생각을 하면서 왕 곁으로 가기로 결심한다. 그는 그
때 가마솥과 도마를 챙겨갔는데 평소에 요리 솜씨가 좋았기 때문
이다. 왕 곁으로 간 이윤은 3년을 꼬박 진수성찬으로 탕왕을 보
필했다. 수년 동안 산해진미를 대접하면서 왕이 격의 없이 자신의
이야기를 들을 수 있을 때까지 기다렸다. 그리고 때가 되었을 때
바른 소리를 하기 시작했다. 조윤선 장관은 이 일화에 무척이나
공감했다고 한다. 제일 어려운 커뮤니케이션은 바른말하기가 아
니라 내가 한 바른말을 상대가 듣도록 하는 것이다. 그게 진정한
설득이라고 강조한다.

　두 번째로 서양에는 카산드라 이야기가 있다. 트로이의 공주가
바로 카산드라다. 아폴론이 카산드라를 사랑했다. 이미 사랑하는
남자가 있는 카산드라는 아폴론을 받아들일 수가 없었다. 그녀의
마음을 얻고 싶었던 아폴론은 온갖 선물을 카산드라에게 안겼다.
나중에는 예언의 능력까지 선물했다. 그렇지만 카산드라는 아폴
론을 쳐다보지도 않았다. 거절당한 아폴론은 화가 나서 카산드라
에게 보냈던 선물을 빼앗아왔는데 예언의 능력은 고스란히 두고
설득력만을 뺏어왔다. 카산드라는 트로이 전쟁 중 그리스군이 보
낸 목마를 성 안에 들이면 안 된다고 큰 재앙이 된다고 말했지만
예지 능력만 있고 설득력이 없었던 그녀의 말을 듣는 사람은 없었

다. 설득에 대해서 끊임없이 묻는 내게 그녀는 두 가지 이야기를 들려주면서 자신의 이야기를 모두 전하였다. 그런 그녀는 참 현명한 설득자였다.

설득의 기술 중에 내용을 바꾸는 방법도 있지만 형식을 바꾸는 방법이 있다. 처음에 만난 그 자리에서 아예 결판을 내려고 하지 말고 장소를 바꾸거나 접근 방법을 바꾸면 효과가 있다. 내용만큼 그 형식도 중요하다. 조윤선 장관이 변호사였던 시절 '똑같은 내용을 어떻게 하면 효과적으로 설득할 수 있을까?'를 끊임없이 생각하면서 생긴 버릇이라고 한다. 똑같은 서면을 준비해도 이 문장이 좋을까 저 문장이 좋을까를 고민하듯 다른 방식도 고민을 해보는 것이다. 작가가 글을 쓸 때 정말 여러 가지 문장을 고민하는 것처럼 고민해 봐야 한다. 예를 들어 유전 공학에 대한 소송을 진행한다고 하면 '어떻게 가시적으로 보여줄 수 있을까?'가 중요할 때 '동영상으로 만들까? 아니면 좀 더 쉽게 애니메이션으로 접근하는 것이 좋을까? 아니면 중간에 들어가는 그래픽은 어떤 모양이면 좋을까? 어떻게 그리면 눈에 확 들어오고 차이점과 유사점이 딱 보일까?'를 고민했다고 한다.

조윤선 장관은 평소 문화와 클래식에 관심이 많다. 예술은 전혀 새로운 것을 만들어 내거나 기존에 있던 것의 조합을 통해서 새로움을 선보인다. 변호사 일도 항상 생각하던 방식이 아니라 새로운 방식으로 접근하면 새로워 보일 수 있다고 강조한다. 예술을 창조한 작가의 새로운 방식을 통해 나도 그런 방식을 따라해 보면서 새로운 길로 접어들 수 있다. 클래식 음악의 경우도 적혀 진 악보대로 그 박자대로 연주하면 모든 연주자가 다 똑같이 연 주할 것 같지만, 지휘자에 따라 박자도 다르고 연주하는 방법도 완전히 달라질 수 있다.

"똑같은 곡의 속도를 10퍼센트만 다르게 연주해도 전혀 다른 곡처럼 들려요."

조윤선 장관의 설명을 들어보면 원래의 작곡자가 어떤 템포를 생각했는지가 쓰여 있기도 하고 아주 대강 표기되어 있기도 하지 만 표현하는 사람에 따라서 그래도 차이가 있다는 것이다. 악기도 똑같고 음표도 똑같지만 박자 하나만으로도 음악은 얼마든지 달 라질 수 있다고 한다.

설득의 각도를 10퍼센트만 달리해서 접근해보자. 글로만 쭉 설 명하던 것을 그림으로, 아니면 소리로 설명 방식을 바꿀 수도 있 다. 그리고 장소를 통해 설득하는 방법을 바꿀 수 있다. 장소 이 야기만으로도 쉽게 분위기를 만들 수 있는 곳에서 설득을 시작해 보는 것이다. 아주 사소한 것만 바꿈으로서 물줄기 전체가 바뀔 수 있다. 운동 경기 중에 한창 승리를 향해서 달리다가도 한 번의 실수가 경기를 대반전시키는 일이 종종 있지 않은가? 나의 설득 은 다른 사람과 몇 퍼센트 다른가? 그리고 어디가 다른가? 설득 을 위해 끊임없이 고민해보자.

4

사랑스런
나의 보스

내가 올라갈수록
키워야 한다

ABC뉴스의 조주희 지국장에게 멘토가 있다. '리네트 리트고우(Lynette Lithgow)'라는 앵커이다. 그녀는 트리니다드토바고라는 서인도 제도 남동부의 작은 나라에서 태어났다. 조주희 지국장의 책 『아름답게 욕망하라』에는 사내 여성들만의 파티 이야기가 등장한다. 손님들은 각자 음식을 한 가지씩 가지고 오고 리네트의 남편은 기꺼이 그날의 호스트가 되어 나비넥타이까지 메고 여성들에게 와인을 접대한다. 그날 그녀는 이렇게 말했다.

"아름답고 능력 있고 경쟁력이 있는 여성들만 여기 모였습니다. 그런데 현실을 봅시다. 이 세상의 절반은 우리와 같은 여자입니다. 하지만 우리 회사를 비롯해 다른 거대 조직, 각자의 국가 정부 조직 등의 경우를 생각해보세요. 상위 조직에 과연 몇 퍼센트의 여성들이 진출해 있을까 말입니다. 스웨덴 같으면 모를까 그 숫자는 창피하기까지 합니다. 자, 그럼 우리 여자들은 어떻게 해야 합니까? 몇 안 되는 저 높은 자리를 차지하기 위해서 여자들까지 잔인한 경쟁을 하는 것이 좋을까요? 아니면 모두가 힘을 합쳐 여자들이 정당하게 차지할 수 있는 자리의 수를 늘리는 것이 좋을까요? 우리 딸들에게 지금보다 훨씬 많은 기회를 열어주고 싶지 않습니까? (중략) 겸손히 여러분께 제안합니다. 단지 아들로 태어났기 때문에 혜택을 누리는 남성들과의 경쟁만으로도 힘든 세상입니다. 여자들끼리 불필요한 감정적 경쟁에 선을 긋고 우리는 서로를 격려하며 아름다운 경쟁을 합니다. '자매애를 위하여.'"

그녀는 글을 통해서 여성들의 적은 여성이 아니라는 이야기를 여러 번 강조했다. 남성 중심의 문화에서 실력으로 자신의 자리를 만들어가는 사람들이 있다. 그런 여성들이 자신의 책임을 깨달았으면 좋겠다는 바람을 이야기했다. 자신이 겪은 일들을 후배들은 겪지 않도록 길을 닦고 이끌어줘야 한다는 그 막중한 책임감을 본인들이 알아야 하는 것이고, 그 아래에서 올라오는 사람들 역시도 고충을 이해하고 선배들과 함께 가야 한다는 것을 알고 있었으면 좋겠다는 것이다. 그녀는 후배들이 성장해서 자신의 자리를 위협하는 것에 대해 불안감을 느끼는 여성들을 목격하기도 했다.

유리천장을 뚫어보려고 죽을힘을 다해서 올라왔기 때문에 서로를 바라볼 여유가 없는 것이다. 그러다 보니 여성들이 차지하는 파이를 넓히려는 노력보다 여성의 몫으로 자리매김 되어 있는 작은 파이를 두고 여성들끼리 아주 치열하게 경쟁하는 경우가 많다. 작은 파이를 나누려는 노력보다는 여성들의 몫을 키우고 전쟁에서 같은 편 전우로서 함께 가는 것이 현명한 방법이라고 말한다. 내가 올라와 있으면 그 자리까지 후배들을 끌어올려줄 수 있는 힘을 가지게 된다. 여성들이 여성들을 많이 키워야 한다.

여성들의 유대관계는 남성들과 다른 면이 있다. 리네트의 파티처럼 자기가 직접 요리를 해서 서로 나누는 방식은 남성들의 술자리에서 만들어지는 것과는 또 다르다. 남성들과 다른 여성들만의 연대나 유대의 방식을 만들어가는 것도 색다른 재미가 될 수 있다. 예를 들면 '드레스 코드'가 있을 수 있다. 우리 집에서 함께 모일 때 모자를 하나씩 쓰고 오는 이벤트를 해서 맛있는 칵테일을 한 잔씩 하고 밥도 같이 해 먹고 그러면서 친해지는 색다른 경험과 유대관계를 지금부터 만들어나갈 수 있다. 생각만 해도 즐거운 파티다. 회사에서의 조직생활을 전쟁처럼 하는 것도 필요하지만 이렇게 휴식을 취하면서 에너지를 충전해야 하는 부분도 있다.

나에게 정말 고마운 동료가 있다. 우리 집 꼬맹이랑 생일이 같은 딸을 둔 아기 엄마이자 아주 유능한 기자이다. 나는 보도국 기자로 발령이 나서 15년의 아나운서 생활을 접게 되었다. 신문방송학과를 졸업했지만, 단 한번도 기자가 되어야겠다고 생각조차 해보지 않았다. 취재현장의 뜨거움과 동시에 주어지는 그 부대낌을 몸으로 견뎌낼 재간이 없었고, 객관적이어야 하는 취재 과정을 견뎌낼 능력이 없었기 때문이었다. 그런데 기자가 되어 버렸다. 기사를 수없이 읽었고 전달했지만 써 본 적은 거의 없는 내가 데스킹 업무까지 해야 했다. 정말 하루아침에 벌어진 일이다. 15년 만에 회사 출근길이 그렇게 긴장되고 떨리는 때가 있었을까 싶었다. 신입 아나운서였을 때보다 훨씬 긴장되는 순간이었다. 잔뜩 긴장감에 절어서 노트북 모니터만 뚫어져라 쳐다보고 있었던 내게 그녀는 메신저로 말을 걸어왔다.

"선배, 반가워요. 많은 사람이 선배 지켜보고 있는 거 알고 있어요? 선배 응원할게요. 아기 엄마들끼리 돕고 살아요."

아기 엄마들끼리 돕고 살자는 그녀의 말이 얼마나 고마웠는지 모른다. 무엇을 해야 할지 누구에게 물어봐야 할지 모르는 미로 같은 상황에서 그녀와의 대화는 한 줄기 빛 같았다. 워킹맘들의 고민은 워킹맘들만 안다. 일하는 아빠들은 일하는 아빠가 아니라 그냥 일하는 남자다. 부모로서의 과제와 회사원으로의 과제를 짊어지고 있는 워킹맘들은 주저앉아 울고 싶은 순간이 스무고개처럼 많다. 한 고개를 넘으면 다음 고개, 다음 고개를 넘으면 그 다음 고개 아래에 문제들이 웅크리고 나를 기다리고 있다. 내게 그녀는 늘 든든한 백이었다. 방송국 생활은 내가 한 해 정도 먼저 시작했지만 그건 별로 중요하지 않았다. 부서가 달라져서 자주 볼 기회가 없어도 주고받는 눈빛으로 정말 큰 힘이 되었다.

회식자리에서 인간관계가 돈독해지기도 한다. 여성들 중에서 술을 잘 못하는 사람들은 인간관계를 만드는 데 무척 불편할 수 있다. 술잔이 오가는 동안 시답지 않은 이야기들만 오가는 것처럼 보이지만 그 안에는 정보와 나름의 끈끈함이 흐를 때도 있다. 남자들의 술자리에서 생기는 형제애가 참 낯설었다. 처음에는 직함을 부르면서 깍듯하게 대하다가 서로의 출신학교를 묻고 자신이 아는 사람들을 퍼즐 맞추듯이 나눠보고 난 다음에는 형님 아우가 되어버린다. 그리고 진탕 먹은 다음 날 서로의 생사를 확인하면서 서로에게 한 발짝 다가선다. 그런 형제애로 남성들은 자신들만의 계보를 만들어나간다. 평소에는 그 계보가 그렇게 끈끈한 것처럼 느껴지지 않는데, 실제로 경쟁이 벌어지면 남성들이 하나의 조직처럼 뭉치게 되는 경우가 많았다.

나름의 조직을 갖추고 있는 남성들과 홀로 경쟁해야 하는 여성들은 상대적으로 무척이나 불리하다. 가끔 나도 하는 착각이 있다. 회사에서 일 잘하는 사람이나 도덕적인 사람의 손을 들어줄 것이라고 하는 착각이다. 남들에게 부끄럽지 않은 페어플레이를 했으니 당연히 내가 승리해야 한다는 착각이다. 현실은 그렇지 않다. 페어플레이를 해야 하지만 깨끗하게 경쟁한 사람의 손을 들어준다고 회사에서 당신에게 말한 적이 있던가? 결코 그렇지 않다.

사장은 신이 아니다. 공평한 경쟁 속에서 실력이 뛰어난 사람에게 우선권을 반드시 준다고 누가 그랬나? 하지만 사람의 숫자가 압도적으로 많으면 이야기는 달라진다. 다수결의 원칙이 어디서나 어느 정도는 유효하다. 아무리 사장의 의견이 다를지라도 특별한 몇 가지 사안을 제외하고 많은 사람이 손을 들어주는 사안이 이기게 마련이다. 이런 상황이라면 여성들의 파이를 키울 수 있는 방법은 실력 있는 여성들이 많아지는 것이다. 가장 이타적인 것이 가장 이기적인 것으로 탈바꿈하는 순간이다. 후배들이 실력을 갖추려고 발버둥 칠 때 기꺼이 박수를 쳐주고 칭찬해줘라. 혹은 그녀들이 내가 겪었던 실수를 하고 있거든 그녀들에게 말해줘라. 실수를 피할 수 있는 방법을 말이다.

한편 회사에서 다 같이 어디론가 떠날 때 아이가 있는 엄마들은 선뜻 나설 수가 없다. 일하는 5일 내내 아이를 다른 사람의 손에 맡겨 두었는데, 주말 휴일까지 반납하라고 할 수가 없기 때문이다. 그러니 회사가 전체적으로 움직이는 스케줄이 아닌 이상 친목을 도모하고 우정을 나누기 위해서 멀리 떠나는 것은 상상도 하기 어렵다. 그런데 이럴 때 아이들을 데리고 오라고 한다. 1박 2일 동안 아이들을 데리고 놀아줄 아르바이트 한 사람만 고용을 하면 문제는 아주 간단해진다. 아이들까지 데리고 떠난다고 하면 말릴 남편은 많지 않을 것이다. 아이가 초등학교에 들어갈 때까지만 이런 수고를 해주면 그 다음부터 워킹맘들이 움직이는 것은 그렇게 불편하거나 어려운 일이 아니다.

아이를 가졌을 때 일이다. 결혼도 늦은 데다 임신까지 늦었다. 마흔 가까워서 아이를 건강하게 낳는 일도 걱정이었지만, 프리랜서 아나운서였던 나는 출산 휴가 기간 동안이 막막했다. 내가 아이를 낳고 자리를 비우는 동안 누가 내 자리를 보존해주겠는가? 그때 먼저 결혼해 아이를 낳은 다른 후배에게 전화가 왔다. 선배님이 아이 낳는 동안 어떻게 할 거냐고 회사에서 물어보면 제가 대신 가서 그 자리를 메우고 있다가 선배가 돌아오시면 그 자리에 복귀한다고 이야기를 하라는 것이다. 출산휴가로 비어 있는 동안 그 자리를 대신해주고 고스란히 비워줄 수만 있으면 누가 그 자리를 빼라고 하겠냐는 것이 후배의 이야기였다. 정말 고마웠다. 프리랜서로 방송을 하는 사람은 출산과 동시에 일이 끝나는 것이나 마찬가지다. 그런데 그 후배는 자신의 방식으로 나를 돕고 싶었던 것이다. 다행히 나는 임신 7개월에 채널A에 스카웃되어 정식 채용이 되는 바람에 그 찬스를 쓸 일이 없었지만, 그때 그 후배에 대한 고마움을 나는 잊을 수가 없었다.

결혼한 여성 특히나 아이가 있는 여성들이 남편과 아이를 떠나 네트워킹을 한다는 것은 무척 어려운 일이지만 손을 조금씩만 보태주면 어려운 일이 아니다. 누구랄 것이 없이 다 같이 해나가는 것이다. 유태인들은 한 마을이 아이를 키운다고 한다. 그런 문화를 만들어주기만 해도 우리들의 마음이 조금씩 더 너그러워지지 않을까?

자매애를 나눌 수 있는 방식은 얼마든지 많다. 꾸준히 만나고 나누고 끌어주고 당겨주다 보면 어느새 영향력 있는 집단이 되어 있을 것이다. 사실 사내에 여러 가지 정보가 흐르기도 하는데, 이렇게 네트워킹이 만들어져 있지 않으면 아무것도 알 수도 할 수도 없다. 정치권에서 계파정치를 하면 안 된다고 하지만 무리를 짓게 되는 현실적인 이유가 있다. 혼자서는 아무것도 할 수 없고 자신의 수준에 근접하는 두세 사람이 있어야 생각을 공유하고 함께 무엇인가를 만들어나갈 수 있기 때문이다. 아무리 시간을 쪼개어 자기개발을 해도 한 사람이 더 있는 것처럼 만들 수는 없다. 무엇을 배우는 것도 중요하지만 그 일을 잘하는 사람을 내 사람으로 만드는 게 더 중요하다. 하나 더하기 하나는 하나 이상의 역할을 하게 된다. 술을 잘 먹지 못하는 사람이 자꾸 술을 먹으려고 하다가 실수하는 것보다 여성들의 방식으로 연대를 만들어나가는 방법이 현명하다.

조윤선 장관은 여성가족부 장관을 지냈지만 본인도 아이들에게 미안하기 짝이 없는 엄마라고 했다. 국회의원 시절 주중에 업무에 파묻혀 아이들을 제대로 돌볼 수 없어서 정말 미안했다고. 아이가 태어나서 의식주 모두를 다 엄마 손에 의지하는 시기부터 초등학교에 들어가기까지 7년은 정말 도움이 많이 필요한 시기이지만, 직장생활에서 그 시기는 업무적으로 무척이나 중요할 수 있다. 힘든 시기들을 이미 지나 온 여자 선배들이 동료나 후배에게 힘든 시기를 잘 넘길 수 있도록 보이게 또는 보이지 않게 도와주는 것이 정말 필요하다고 강조한다.

현재 여성 후배들과 함께 회사를 운영하고 있는 최명화 대표. 마케팅 분야에서 두각을 나타내고 있는 여성 후배들만 불러 회사를 만들었다. 그녀가 후배들의 멘토가 된 것이다. 그런 그녀도 모든 것이 익숙하지 않던 시절에 얻은 교훈을 들려주었다. 처음 맥킨지에 들어가서 신입사원 교육이 있을 때였다. 호주에 30~40명의 신입사원들이 모여 교육을 받을 때였다. 2주간의 교육 중 저녁에 파트너들끼리 식사하는 시간이 있었다고 한다. 그때 60대 후반의 시니어 분이 오셔서 그녀에 이렇게 말했다.

"우리는 다른 사람들을 통해서 성장할 수 있다.(We only can grow up through others.)"

혼자만 성장할 수 있는 것이 아니라 다 같이 성장할 수 있으니까 걱정하지 말아라. 그때까지만 해도 최명화 대표는 회사는 경쟁하는 곳이고 내가 누군가를 이기고 올라가야 한다고 생각을 했는데 그렇게 접근하면 안 된다는 점을 알려준 것이었다. 오직 남들을 통해서만 내가 성장할 수 있음을 알려준 것이다. 그 개념을 정확하게 이해하고 있는 것이 중요하다고 그녀는 말했다. 그래야 오래갈 수 있다고 한다. 당장 손해 볼 수 있는 부분도 있다. 그걸 약점으로 이용하는 사람도 있을 것이다. 그런데 아주 긴 직장생활을 통해서 보면 20~30년 진짜 성공적으로 하고 싶다는 생각을 하면 마음을 그렇게 먹으면 안 된다고 한다. 다른 사람의 성공을 도우면서 내가 성공해야 하는 것이다. 그래야만 주변에 사람이 오고 나를 지지해주고 따르는 사람들이 생긴다. 경쟁이라는 단어 자체를 잊어버렸으면 좋겠다. 경쟁은 자기 자신 속 게으름과의 경쟁이라고 마음에 정리를 해두자.

사람
공부

방송계에 처음 발을 들이기 시작했을 때를 생각하면 지금도 웃음이 난다. 얼마나 철이 없고 세상 물정을 몰랐던 것인지 아무 생각이 없었던 것인지 정말 헷갈린다. 부산 지역 한 방송국에 시험을 보러 갔을 때의 일이었다. 방송국에서 방송전문인을 뽑는 시험이었는데 방송 기초를 전혀 배우지 않았던 나는 무식했기에 용감하게 시험을 보러 갔다.

키도 작고 외모도 별 볼일 없는 내가 카메라 테스트를 통과하는 것 자체가 기적에 가까운 일이었다. 지금 생각하면 등허리에 식은땀이 흘러내릴 지경이다. 크리스마스가 다가올 무렵에 첫 시험이 있었다. 시험 전날 무엇을 입고 갈까 집에서 곰곰이 생각을 했다. 남들처럼 무채색의 정장을 한 벌 입고 가면 아무도 나에게 주목하지 않을 것이 너무나 자명했다. 그러다가 '모 아니면 도'라고 어차피 남들처럼 해서 남들보다 경쟁력이 없을 거라면 남들과 다른 방식으로 어필을 해보자는 생각이 들었다.

마침 크리스마스가 다가오고 있어서 빨간색 짧은 코트에 녹색 체크무늬 스커트를 입고 앞이 뭉툭한 구두를 신고 시험장에 도착했다. 멀리서 봐도 크리스마스카드처럼 보였을 것이다. 방송국 문을 들어서는 순간 까마귀들이 모여 있는 것처럼 검은색, 회색, 남색 정장을 입은 남녀들이 방송국을 가득 메우고 있었다. 그 당시 IMF 외환위기를 겪고 있어 방송국 공채가 무척 드물었다. 부산지역 방송국 공채에 서울에서 비행기를 타고 시험에 응시하러 온 사람들까지 천 여 명이 넘는 사람들이 모여 있었다.

내 생각대로 그들 사이에서 나는 어쨌든 눈에 띄었다. 수험번호 대로 다섯 명씩 들어가 면접을 보는데 기가 막힌 일이 벌어졌다. 내 앞 번호 즉 나와 같이 들어가는 여성 응시자가 키가 무척 크고 몸매도 늘씬했다. 작은 키에 낮은 굽을 신고 간 나는 더욱 작아 보였다. '이런……' 후회했지만 소용이 없었다. 자기소개 순서가 다가왔다. 그 응시자는 7년차 모델이었다. 내가 우스워졌다. 그렇지만 당당하게 웃으면서 시험에 응했다. 최악의 순간 떨어지기 밖에 더하랴 싶었다.

나의 겉모습을 본 면접관이 내게 물었다. "왜 옷을 그렇게 입고 왔나?" 하고. 그래서 솔직히 말했다. "남들처럼 입고 와봐야 묻히기 밖에 더 하겠습니까?" 하고. 분명히 눈에 띌 수 있도록 하기 위해서 그렇게 옷을 입었다고 말했다. 면접관은 내 대답에 웃더니 합격시켜주었다. 그 다음 날은 핑크색 스커트에 파란색 코트를 입고 갔다. 3차 면접까지 통과했다. 처음엔 큰 기대 없이 응시한 시험이었지만 자꾸 횟수를 거듭할수록 기대가 생겼다. 여기까지 왔으니 혹시 내가 합격하는 것은 아닐까 하고. 그러나 그것은 그냥 기대였다. 실력이 모자랐던 나는 시원하게 낙방했다. 하루를 내내 울었다. 기대가 크면 실망도 큰 법이라고 했다. 일주일쯤 지나고 전화가 한 통 걸려왔다. 시험에 떨어진 그 방송국 라디오 차장님이 한번 보자고 말이다.

그 분은 나에게 라디오에서 리포터 일이라도 해보면 어떻겠냐는 제안을 하였다. 그렇게 나의 방송생활이 시작되었다. 라디오에서 일을 하면서 전화 주셨던 차장님께 왜 기회를 주셨는지 여쭤봤다. 나에 대한 면접관들의 평가가 엇갈렸다고 했다. 높은 점수와 낮은 점수의 격차가 너무 커서 평균 점수가 나빴다고. 차장님은 내게 높은 점수를 주었던 한 사람이었던 것이다. 그분은 나의 가능성을 인정해주셨다.

회사생활은 업무가 반 사람이 반이라고 할 수 있다. 업무에 대한 공부만큼 필요한 것이 사람 공부다. 조주희 지국장은 기본적으로 사람을 굉장히 좋아하기도 하지만 그 사람을 분석하는 일 자체를 즐기기도 한다. '저 사람은 밥을 왜 저렇게 먹을까?', '저 사람이 이렇게 말할 수 있는 것을 굳이 저렇게 말할까?', '저 사람은 왜 이걸 좋아할까' 등 사람에 대한 끊임없는 호기심을 갖게 된다. 어떤 사람들은 자신의 에피소드를 이야기할 때 아내를 '집사람'이라고 표현하고 어떤 사람은 '마누라'라고 한다. '그 차이는 무엇이고 어떤 부부관계가 이런 호칭에 영향을 준 것일까?' 이렇게 그 알아가는 과정 자체가 즐겁다고 한다.

예전에는 사람의 옥석을 가리기 위해서 직접 만나서 경험해보고 분석하는 시간들을 가졌다고 한다. 그래서 40대가 될 때까지 정말 많은 사람을 만났다고 한다. 그런데 그런 데이터가 쌓이다 보니 보면 어느 정도의 판단은 저절로 내려진다. 이 사람은 나에게 맞는 사람이고 이 사람은 내게 맞지 않는 사람이라는 판단이 내려지게 된다. 꼭 그 사람이 나쁘다기보다 나와 성향이나 생각이 달라서 함께 갈 수 없는 사람들이 있다. 딱히 그런 기준이 있냐는 질문에 '느낌'이라고 답했다. 표현은 느낌이라고 했지만 말로 표현할 수 없는 데이터의 종합을 의미하는 것이 아닐까?

선입견과는 비슷하지만 다를 수 있다. 조주희 지국장은 자신이 틀릴 수 있다는 유연성을 항상 가지고 있다. 첫인상에서 그 사람에 대한 분석과 판단이 내려져 있는데 실제로 겪어 보면 자신의 첫인상이 틀렸음이 판명될 때가 있다. 자신의 생각이 틀렸다는 것이 철저히 밝혀졌을 때 오히려 더 기분이 좋다고 한다. 이는 사람에 대한 연구나 생각 때문이 아닐까? 이렇게 자신만의 데이터를 쌓아가는 것도 도움이 되겠지만 심리학을 연구하거나 공부하는 것도 좋다. 중요한 점은 사람에 대한 공부를 해 두라는 것이다. 사람과의 관계에서 모든 일이 이루어지는 데도 그 공부가 되어 있지 않은 경우가 많다.

그런 면에서 마케팅이란 사람의 심리를 잘 알아야 하는 일이다 보니 최명화 대표는 심리학에 굉장히 관심이 많다고 한다. 같이 일하는 동료들은 직원이기 이전에 사람이기 때문에 사람의 특성으로 이해하려고 했다. 최명화 대표는 대학에서 소비심리학을 전공했다. 그녀는 정신분석학에 관심이 매우 많다고 하면서 처음 만났을 때 프로이트의 학설에 대하여 이야기했다. 어떤 사람이 설득의 능력이 약하다고 한다면 단순히 발표 기술이 부족한 게 아니라 그의 내면에 무엇이 발목을 잡고 있는지 들여다보는 작업이 더 근원적인 처방이라고 말한다. 발표를 잘 못하는 것인지, 무엇을 두려워하는 것인지, 어떤 경험에서 비롯되었는지를 짚어줘야 진짜 판도라의 상자를 열 수 있다. 그녀는 정말 성공하고 싶다면 자신을 잘 들여다보고 자신에 대해 아는 것부터 출발해야 한다고 말한다. 책을 많이 읽어서 간접경험을 많이 가지면 더욱 좋다. 나부터 무엇이 부족한지 언제 실수를 했는지 돌아볼 때 함께 일하는 상대방도 나에게 마음을 열어준다.

기업을 운영하는 나의 지인은 사람의 자세를 본다고 했다. 면접장에 걸어 들어오는 자세를 보고 그 사람에 대한 판단을 내린다고 한다. 구부정한 자세는 참으로 많은 것을 이야기해준다고 했다. 그분은 식사 중에 나의 자세를 지적하면서

　　"언경씨는 지난번에 방송에 대한 이야기를 할 때는 굉장히 자신만만해 보였어. 그런데 오늘 낯선 사람들이 있는 곳에 오니까 자세가 바뀌었어. 구부정하기도 하고 위축돼 보이기도 하고. 그런 것을 보고 판단하는 거지."

　　깜짝 놀랐다. 평소에도 나는 자세가 그렇게 좋은 사람은 아니었다. 그렇지만 그게 나의 마음의 반사판이라고 생각해본 적이 없었다. 그저 자세가 좋지 않은 우리 집안의 내력이라고 생각했다. 그렇지만 같은 나일지라도 어떤 이야기를 하느냐에 따라 자세가 달라진다면 그건 분명 나의 마음을 반영한 것이다. 그다지 나를 예뻐하시지 않는 할머니와 오래 생활하면서 사람의 얼굴 표정을 살피는 것이 나의 버릇이 되었다. 상대가 기분이 좋은지 나쁜지에 따라 내가 영향을 많이 받기 때문이었다. 다른 사람의 상태에 영향을 많이 받는 아주 수동적인 상황이다. 지금도 어느 장소에 가면 그런 분위기를 살피는 습관이 있다. 방어적이며 위축된 나의 태도에는 늘 자신감이 결여되어 있었다.

　　위축된 태도 때문에 실망스런 결과가 생기고, 그것이 내가 앞으로 걸어나갈 수 없게 만드는 원인이 되기도 하였다. 하지만 위

축된 나의 성향이 꼭 나쁜 것만은 아니었다. 자신감이 늘 없었던 나는 대신 열심히 준비하는 습관을 갖게 되었다. 준비를 열심히 한다고 해서 판도를 바꿀 수는 없지만, 발생할 수 있는 시나리오가 늘 내 머릿속에 들어 있었고, 준비된 모습은 내 장점이 되었다. 나의 눈치는 출연자가 항상 존재하는 방송 일을 하는 데 도움이 됐는데, 아주 짧은 시간동안 출연자의 기분이나 상태를 파악하기가 쉬웠다. 물론 사람에 대한 이런 판단을 다 믿을 수 없고 확률상의 일일 수도 있지만 나만의 빅데이터를 만들어간다는 것은 중요하다.

여기서 주의해야 할 점은 사람을 정죄하고 잘라내기 위해서가 아니라 내가 정확한 판단을 내리는 근거로 만들어야 한다는 점이다. 이럴 때 '유연성'은 필수이다. 마케팅을 담당하고 있는 러쉬 코리아의 김미현 이사는 새벽 서너 시까지 사람에 대해 토론을 한다고 한다. 그 사람을 비난하기 위해서가 아니라 '왜 그 사람이 그럴 수밖에 없었을까?' 이해하기 위해서다. 일이든 공부든 좋아하고 매달리는 사람만큼 그 일이나 공부를 잘할 수 있는 사람은 없다. 사람에 대해 공부하고 생각하고 다시 수정하는 일을 하는 사람을 어떻게 이길 수 있을까? 내가 절대적으로 맞는다는 오만에만 빠지지 않는다면 얼마든지 잘 해낼 수 있지 않을까? 쌓으라고 말하지 않아도 사람들에 대한 생각들이 쌓여간다. 그러나 그것을 좀 더 적극적이고 과학적으로 해보면 어떨까? 사람을 혈액형 네

개로 나누지 말고 사람에 대한 공부를 좀 더 적극적으로 하면 좋은 덕목이 될 수 있다.

오랫동안 강력범죄를 다루었던 형사분에게 전화를 드려서 뜬금없이 물었다. '용의자가 거짓말을 하는 것을 어떻게 눈치를 챌 수 있는가?' 하는 질문을 했다. 그랬더니 거짓말을 하는 사람은 눈을 정확하게 바라보고 말을 하지 못한다고 대답했다. 그리고 계속 물을 달라고 요구한다고 한다. 신경학적으로 긴장하면서 생기는 현상이다. 또 어떤 질문을 했을 때 묻지도 않은 말들을 먼저 꺼내는 경우가 많다고 한다. 가령 "돈을 훔쳤냐?"는 형사의 질문에 범인은 "우리 집이 엄청 부자였어요"처럼 대답한다는 것이다. 살인강도 사건을 30여 년 가까이 접했던 형사 나름의 '거짓말학개론'인 셈이다. 자신을 비롯한 사람에 대한 자신만의 시각을 가질 수 있게 훈련하는 것이 우리에게 필요한 사람 공부이자 현실 공부다.

내가 보스이기를
원치 않을 수 있다

　　사람들은 즐겁게 일을 하고 싶어 한다. 기왕이면 즐
겁게 할 수 있는 일을 하고 싶어 한다. 이는 일하는 데 있어서 무
척이나 중요한 부분이다. 즐거움이 보장되어지면 많은 사람이 따
라 오려고 한다. 그런데 영화계에서 살펴보면 영화를 이끄는 리더
들이 스태프가 무슨 고통을 받든 어떤 성취감을 느끼든 영화라는
결과물만 잘 만들려고 하고 사람은 괘념하지 않는 순간 즐겁게
일할 수 있는 흥이 깨지고 균열이 발생한다. 업무에서도 후배들
이 이렇게 리더를 신뢰하지 않으면 모두가 함께 문제를 해결하려
는 마음이 없어지게 된다. 그런데 문제는 일을 하는 동안은 위기

의 순간이 끊임없이 발생한다는 데 있다. 위기의 순간에 리더가 평소에 어떤 모습을 보여주는가를 알 수 있다.

영화라는 작업은 생각보다 시간이 많이 걸린다. 시나리오를 만들고 그 작업에 참여할 사람들을 모으고 그 사람들이 작업할 수 있는 공간과 여건을 마련하는 데 1년, 그리고 실제로 영화를 찍고 개봉하도록 후반 작업을 하는 데 또 1년, 이렇게 2년이란 시간이 한 편의 영화 작업을 하는 동안 흐른다. 단기간에 이루어지는 프로젝트가 아니기 때문에 진행하다 보면 슬럼프가 오거나 지치는 일들이 벌어진다. 그때 리더는 더욱 가라앉지 않게 만들어야 한다. 그래서 영화를 하는 분들이 함께 술자리를 자주 하나보다 하는 생각이 들었다.

안수현 대표는 술자리의 유용성에 대해서 이렇게 말했다. 술김에 으샤으샤 하는 분위기가 일에 도움이 된다고 한다. 각자의 일을 열심히 하고 있지만 회사가 아닌 상황이라 프로젝트를 하고 싶어 하는 그 동력 하나로 가게 되는데 그 길을 좀 즐겁게 가야 하는 것이다. 쳐지지 않고 갈 수 있도록 하려면 리더는 그 분위기를 잘 살펴야 한다. 물론 술자리가 모든 리더에게 답이 되는 것은 아니다. 평소에 리더가 신뢰를 주지 못하면 어려운 문제가 생겼을 때 다 같이 나서서 그 문제를 해결할 생각이 없어진다. 그동안 꾸준히 저장한 신뢰가 그때 드러난다. 평소에 차곡차곡 신뢰관계가 쌓인 경우는 적금을 타서 쓰듯이 그동안 쌓인 믿음을 찾아서 쓰게 된다. 그리고 영화 촬영 현장에서 보면 끊임없이 소통을 해야 하는데 이렇게 찍어라 마라 할 수가 없다. 아무리 신인 감독이라도 현장 스태프들 각자 자신의 분야가 있기 때문에 존중받아야 하는 것이다. 그렇게 존중하면서 일을 하지 않으면 결코 좋은 결과물이 나올 수 없다.

팀원간의 믿음을 죽음처럼 확보해야 하는 리더가 있다. 바로 전쟁터에서 리더가 그런 역할을 한다. 전쟁터에서 리더가 제대로 이끌지 못하면 자신뿐만 아니라 팀에 속한 모든 사람을 죽음으로 몰아넣을 수 있다. 2010년 전투병과 사상 첫 여성 장성을 지낸 송명순 예비역 준장은 앳된 여대생이 늠름한 군인이 되어가는 과정을 지켜보면서 리더가 되는 자질은 교육이 진행되면서 후천적으로 길러질 수 있다고 믿고 있다. 그리고 리더는 임명되는 것이 아니라 인정되어야 하는 것이다.

송명순 예비역 준장은 자신이 군인이 되리라고는 생각지 못했다. 그리고 30년 군인으로 살게 될지 몰랐다. 졸업할 무렵에 우연히 여군 사관후보생 모집 공고문을 보고 '남성들과 대등하게 실력을 겨룰 수 있을 것'이라고 생각했다고 한다. 그러나 70년대 군에 가겠다는 딸의 이야기를 들은 어머니는 혼절했다고 한다. 그 당시 여성들이 군에 가면 '사연이 있는 여자'가 되는 것이었다. 아버지가 육군 대위로 전역했는데 월급도 적은데다 이사도 많이 다녔는데 고스란히 딸이 하게 될 고생이 생각나 어머니는 억장이 무너졌다.

1981년 사관후보생이 된 그녀는 험난한 훈련 가운데 던져졌다. 소위로 임관할 때까지 6개월 동안 훈련을 받으면서 토하거나 기절하는 일이 다반사였다고 한다. 체격도 제일 작고 체중이 43킬로그램밖에 안 됐다. 정부미로 쪄서 만든 짬밥 냄새가 역해서 식당에서 쓰러지기까지 했다. 사람들은 송명순 예비역 준장이 가장 먼저 전역할 것이라고 말했지만 그녀가 제일 마지막에 별을 달고 제대했다.

그 힘든 훈련의 과정을 다 겪으면 일이 시작된다. 소위를 달고 있지만 햇병아리 군인일 뿐이다. 소대를 맡게 되면 오랫동안 일선에서 잔뼈가 굵은 군인들을 부하로 맞게 된다. 최소 10~12명을 끌고 가야 하는데 계급은 송명순 예비역 준장이 높지만 경력이 더 오래된 부하들은 처음에는 송명순 소위를 상사로 인정하지 않았다. 그렇다고 억지로 계급으로 누를 수는 없는 일이다. 그때는 리더에게 명분이 중요했다. 당신들은 의무로 군에 왔지만 우리는 당신들이 오고 싶어 하지 않는 군대를 우리 스스로 선택에서 왔다. 그러니 우리는 대우받을 자격이 있다고 주장했다고 한다. 그렇게 명분에서 앞서니까 그 말들이 먹혔다고 한다.

부사관들은 장교들처럼 옮겨 다니지 않고 한군데에 오래 있기 때문에 그 동네에서는 권력을 가지게 된다. 꼭 여성이라기보다 군대에서 보낸 세월이 길다 보니 계급은 높지만 실력은 없는 소위를 인정하기가 어려운 것이다. 그때 송명순 예비역 준장은 그 부사관의 경험과 연륜을 배우는 것이 내게 플러스이겠다 생각하며 견뎠다. 계급은 아래지만 항상 존칭을 사용하고 존중하고 배려하기 시작했다고 한다. 최소 10년을 그 조직에 몸담으면서 그렇게 관계를 만들어나갔다. 이때 중요한 건 조직에 몰입해야 한다는 점이다. 그 조직에 맞춰서 자신을 바꾸어나가는 것이다. 그 몰입도에 따라 변화의 속도가 결정된다. 언젠가는 여기를 떠날 사람처럼 구는 사람에게 어느 누구도 충성을 보이지 않는다. 그 사람이 배수진을 친 듯이 그 자리를 떠나지 않고 있을 때 그 진심은 사람을 움직이게 한다.

송명순 예비역 준장은 자신에게 호의적이지 않은 사람을 자신의 사람으로 만들기 위해 '어떻게 어필할 것인가?'를 고민하고 또 그들을 존중하면서 실력을 길러 나갔다. 신참 소위를 인정하고 싶지 않은 부사관들을 나보다 연배가 있는 사람이니 내가 존중한다는 의사표시를 확실히 해서 내 편으로 만드는 것이다. 또 여군 소위들이 군대 계급장 하나 없이 훈련소에 들어갔을 때 그녀들을 훈련시킨 사람들이 여군 원사들인데 훈련병의 신분이 하루아침에 바뀌어 자신들의 상사가 되었을 때 승복할 수 있게 되기까지는 시간이 필요하다. 현실적으로 승복이 잘 되지 않는다고 해서 주저앉을 필요는 없다. 계급이 낮더라도 상대방을 존중하고 배려하면서 자신의 실력을 쌓아가면 상대방에게 무엇인가 요구할 때 그것을 들어줄 수밖에 없는 상황이 올 것이다.

그런데 그렇게 되기까지 시간이 최소 10년은 요구된다. 왜냐하면 여성들의 경우는 그 기간 회사에 적응하고 업무에 익숙해지고 또 결혼하고 출산하는 시기와 맞물려 있다. 매일 상대를 존중하고 배려하고 실력을 쌓아도 그 실력이 눈에 보이지 않을 수 있다. 눈이 소복소복 쌓이다 보면 지붕이 내려앉는 무게가 되는 것처럼 그렇게 자신만의 실력 무게를 늘려가야 한다. 한 드라마에 제목처럼 '왕관의 무게'를 버틸 수 있는 근육을 만들어야 한다. 목표가 분명한 조직일수록 오히려 우회적인 방법이 힘을 발휘할 수 있다. 만약 정말 전시가 되었을 때 조직원들에게 "나를 따르라"라고 했을 때 평소에 리더가 하는 꼴을 보니 "너를 따라가다가는 우리가 다 죽을 것 같아. 너나 잘하세요"라는 반응이 나오면 안 된다. 최소한 저 사람을 따르면 죽지는 않을 것이라는 확신이 들어야 한다. 우리가 원래 만든 목표를 달성할 수 있을 것이라는 믿음이 있는 조직으로 만들어야 하는 것이고 믿음이 있는 리더가 돼야 한다.

두 사람이 떠오른다. 한 사람은 베트남 건국의 아버지 호찌민(胡志明)의 군사참모(국방장관)였던 보 구엔 지압(1911~2013)이다. 그는 '내 나라는 내가 지키자'라는 생각을 가지고 있던 사람이었다. 1954년에 지압은 프랑스와 디엔비엔푸 전투를 치렀다. 디엔비엔푸는 라오스와의 국경 근처인데다가 800~1,000미터 산에 둘러싸였다. 전력은 당연히 프랑스군의 우위였다. 그는 산 위로 대포

를 끌어올리기 시작했다. 산은 험하고 길이 없으니 불가능한 일
이었다. 지압은 105밀리미터 곡사포(무게 2톤)를 병사 20명이 한 번
에 30~50센티미터, 하루 평균 50미터씩 올려서 산꼭대기에 올려
놓게 하였다. 그러고 나서 프랑스군을 기습 공격하여 항복을 받
아내고야 말았다. 프랑스군의 항복을 받은 엿새 후에 지압은 밀
림으로 들어갔다. 디엔비엔푸에서 35킬로미터 떨어진 곳에서 승전
기념식을 열었다. 승전식의 축가는 하늘을 찔렀지만 그 소리들은
밀림 밖으로 새어 나오지 않았다. 그 자리엔 만 명 가까운 프랑스
포로들도 보이지 않았다. "우리의 영웅적 승리를 찬양하라. 하지
만 포로가 된 적에게 굴욕감을 주지 말라"는 이유에서다. 작은 베
트남이 강대국을 상대해서 무너지지 않은 이유는 이런 리더십 때
문이 아닐까 하는 생각이 들었다. 리더는 임명되지만 부하 직원
들은 리더를 따르고 싶지 않을 수도 있다. 전쟁이 났을 때 따르고
싶게 만드는 것도 리더의 실력이다.

　트럼프를 상대하는 힐러리에 대해 부정적인 평가가 나오는 이
유가 무엇일까? 한 정치 컨설턴트는 힐러리와 트럼프의 싸움을
조금 과하게 표현해서 '거짓말하는 얄미운 아줌마와 술주정뱅이
를 놓고 둘 중 하나를 뽑으라는 격'이라고 표현했다. 심지어는 '역
대급 비호감 후보들 간의 대결'이라고 쓴 기사도 봤다. 막말하는
트럼프는 그렇다 하더라도 왜 힐러리는 그런 평가를 받는 것일
까? 한인 지도자인 임소정 워싱턴 한인협회장은 힐러리에 대해 이

렇게 설명했다.

"미국에서도 여성이 살아남으려면 독해야 한다. 클린턴은 찔러도 피 한 방울 안 나올 것 같은 완벽주의자처럼 보여 얄밉다는 생각이 드는 것이다. 그런데 이번 민주당 전당대회 때 그걸 바꿔보려고 노력한 것 같다."

《중앙일보》 2016년 10월 8일자 기사 중에서

실력이 뛰어나도 리더로 호감을 얻는 것은 다른 문제인 듯 보인다. 지압과 힐러리의 차이점은 무엇인가? 후배들은 당신을 따라 험지에 갈 준비가 되어 있는가? 후배들이 당신을 보스로 원하지 않을 수 있다는 것을 잊지 말고 진심이 오가는 따끈한 관계들을 열심히 만들어두자.

여성성을
최대화하라

송명순 예비역 준장은 현재 학교에서 여성들의 리더십에 대해서 열심히 강의하고 있다. 여성들이 가지고 있는 리더십 자체가 부드러운 것이기에 후배들에게 그런 여성성을 버리지 말라고 당부한다. 넥타이를 매고 양복을 입고 남자처럼 터프하게 행동한다고 해서 내가 남성이 되지는 않는다. 남성들 흉내를 내면서 남성들과 경쟁하겠다는 생각은 버리고 여성성을 극대화하라는 것이다. 부드럽고 따뜻하고 포용할 줄 알고 이해심이 넓은 이런 특성을 가지고 남성들과 경쟁을 하되 여성성이 더 큰 매력을 발휘할 수 있게 노력을 해야 한다. 남성들과 경쟁을 할 때 남성들과 싸워서 이겨야 되는 경쟁이 아니라 가지고 있는 여성성을 발휘하여 상대방을 건전하게 이기는 것이 중요하다. 송명순 예비역 준장이 군대에서 이런 주장을 했을 때 처음에는 그녀의 주장을 다 의아해했다. 전투병과에서 여성으로 처음 별을 달았을 때 그 비결을 묻는 사람들이 많았다.

그녀의 비결은 '유능제강(柔能制剛), 부드러운 것이 강한 것을 이긴다'였다. 힘으로 남자들을 제압한다는 생각을 하기보다는 경쟁을 할 때 나의 강점으로 승부를 한다. 혹 남자동료들과 언성을 높여서 싸울만한 일이 벌어졌을 때 오히려 아주 차분하게 대응한다. 상대방의 혈압이 올라서 길길이 날뛸 때에 차분하게 충분히 듣고 거기에 논리적으로 반박하는 것이다. 그러면서 남성들에게 부족한 것과 자신이 가지고 있는 것을 항상 잊지 않았다고 한다. 목소리는 작게 하면서도 이해하고, 지는 것 같으면서 이기는 것이라는 생각을 갖고 일에 임했다고 한다.

그녀의 이러한 장점을 남자 동료들은 인정해주었다고 한다. 오히려 남성 팀원들이 여성 보스이기 때문에 자신들의 애로사항을 잘 들어줄 것이라는 기대를 가지고 있다. 그래서 남성의 입장에서 힘들고 어려운 것도 쉽게 헤쳐 나갈 수 있도록 어떤 팁을 얻지 않을까 기대하기도 한다. 남성들의 언어는 여성들의 언어보다 거칠고 직설적인 표현들이 많다. 그러나 일상적으로 거친 용어들이 오갈 때 겉으로 보기에는 아무렇지도 않은 것처럼 보이지만 실제로 남성들도 많은 상처를 입게 된다. '내가 상대방에게 이런 대우를 받는데 과연 내가 능력을 발휘할 수 있을까? 그리고 발휘한다고 해서 무슨 소용이 있을까?' 하는 의문이 들게 마련이다. 이럴 때 송명순 예비역 준장은 '엄마 리더십'을 발휘했다고 한다. 살벌한 군대 조직에서 호응이 있었던 것은 감성 리더십 때문이다.

보고를 하러 들어갔는데 엄청 추궁을 당하고 돌아오는 날이 있었다. 송명순 예비역 준장이 배석을 하고 실무자들이 보고를 하는데 있는 대로 깨지는 날이 있다. 그러면 깨지고 돌아오면 으레 다른 남자들의 반응은

"이 XX야, 내가 그런 식으로 보고하지 말라고 했는데 그렇게밖에 보고를 못하냐! 야, 지시한 사항을 다 수정해서 보고하려면 날밤 새워도 안 돼!"

하며 소리 지르고 신경질을 낸다. 물론 그녀도 실수하는 날들이 있었겠지만, 보고를 하러 들어간 부하가 시키는 대로 보고도 못하고 답변도 잘 못해서 엉망진창이 되어 나오면 기분이 좋을 리는 없다.

"이게 뭐냐? 똑바로 교육을 시키든지 보고서 다시 만들어와."

상사의 한마디에 자존심은 상하지만 이미 만신창이가 된 부하 직원들을 더 닦달한다고 대세에 영향을 주지 않는다.

"우리가 보고서를 제대로 만들었는데 처장님이 오늘 기분이 별로 안 좋으신가보다. 감정 기복이 좀 있으시네. 어차피 보고서 새

로 만들려면 밤새야 할 것 같은데 파전에 막걸리 한 잔 하자."

그리고 다같이 나가서 막걸리 한 잔을 먹으러 간다. 야근을 해야 돼서 많이 먹지도 못하고 오는데, 그러는 동안 욕먹고 시달렸던 기억을 어느 정도 잊게 된다는 것이다. 처음에는 윗사람에게 서운함을 토로하다가도 '우리가 뭔가 잘못한 게 있겠지'라는 말이 툭하고 튀어 나오게 된다. 막 다그치기보다 그렇게 가만히 내버려두면 그런 생각을 저절로 한다. 사실 나의 감정은 상했다고 하더라도 후배들을 위해서 그런 자리를 만들어주는 것이다.

훈련을 고되게 받은 날 야근까지 해야 할 때도 있다. 그런 날은 또 후배들을 데리고 남산을 한 바퀴 돌고 신당동에 떡볶이를 먹으러 간다. 비싼 음식은 아니지만 잔뜩 움츠러들어 있던 병사들의 마음은 누그러지게 마련이다. 여성들에게 감성은 양날의 칼이다. 잘 쓰면 사람들에게 따뜻함을 전달해주고 제대로 쓰지 못하면 오히려 잘 절제하지 못하는 사람이 된다.

수많은 부하를 다뤄보았던 그녀에게 남성과 여성의 차이는 존재할까? 남성들의 경우는 아무래도 신경 쓰이는 점이 있다. 성이 다르기 때문에 서로에 대해 이해하려는 노력이 동반되어야 하는 점이다. 아무래도 섬세한 부분은 여성에 비해서 부족해도 통 크게 일을 처리하는 부분이 있다. 관계가 아주 좋다면 여성 리더가 보지 못하는 점을 어필해줄 수 있기 때문에 보완의 역할을 잘해줄 수 있다. 송명순 예비역 준장이 결정을 못하고 있을 때 결정적인 조언을 잘해주었다. 예를 들어 "준장님이 보기에는 이런 점이 좋은데 저희가 생각할 때는 지금 원하는 것은 바로 이것인 것 같습니다"라고 말한다.

반대로 여성 부하들은 자신의 생각과 비슷한 점들이 많아 함께 일하기 좋은 점이 있다. 전역한 지 몇 년이 지난 지금도 먼저 연락이 오는 경우가 남자 부하들보다 더 많은 것 같다고 한다. 군이라는 특수한 조직에 있다 보니 아무래도 바깥 활동이 제한적이었다. 기밀을 많이 다루는 조직이고 그 기밀들이 바깥으로 전파되었을 때의 파급 효과도 무시할 수 없는 상황이기 때문에 상부에서는 조심해야 한다고 강조했다. 그러다 보니 자신이 장점을 가지게 되었을 때 더 활발하게 후배들을 끌어주고 당겨주지 못해서 지금은 무척이나 후회가 된다고 한다.

영화 현장은 무거운 것이 많아 힘이 많이 필요하다. 그래서 진행해나가고 문제를 해결하는 부분이 남성들에게 유리한 것처럼 알려졌을 때도 있었다. 반면 여성들은 힘을 써서 해나갈 수 없지만 섬세함으로 부딪혀 볼 수 있다. 영화 현장은 다른 사람의 이야기를 많이 들어야 하는 곳인데, 조직이 만들어져 있지 않고 영화를 찍기 위해서 여러 사람이 모여 마음을 맞춰 가야 하기 때문이다. 여성들은 현장의 사람들이 원하는 것이 무엇인지 들어주려는 노력을 할 수 있다.

여성들에게는 송명순 예비역 준장의 이야기처럼 사람들의 상태를 살피려는 성향이 있다. 마음들이 어떤지 그리고 건강은 어떤지 이런 부분들을 챙겨서 가려는 경향이 있다. 그런데 승진을 하고 중요한 결정을 해야 할 때 다른 사람들의 의견을 많이 물어본다고 한다. 남성들의 리더십이 자신의 판단으로 어떤 결정을 내리고 나면 그걸 책임지고 '나를 따르라' 이런 식이라면 여성들의 리더십은 좀 다른 면이 있다고 한다. 여성들은 나를 따르라고 하면 '다 나를 따라 올까?' 하는, 그리고 '이것을 내가 끝까지 끌고 나갈 수 있을까?' 하는 자신이 없으니까 오히려 동료들에게 더 많이 물어보게 된다고 한다.

안수현 대표의 경우는 아랫사람이든 동료이든 '정말 당신들이 원하는 것이 이것이 맞아요?' 하고 자꾸 물어보게 된다고 한다. 그러다 어느 순간이면 '믿고 따라와 주겠구나' 어느 정도 동의를 얻은 상태에서 결정을 할 수 있다. 남성들은 자신이 결정하면 어느 정도는 믿고 따라와 줄 것이라는 그런 자신감이 있다면, 여성들은 그런 자신감은 약간 부족한 대신 모두에게 공평한, 그리고 모두가 동의할 만한 판단을 하려다 보니까 그것이 장점이 될 수 있다. 남자 감독들이 아직까지는 많아서 남성적인 성향이 많지만 배우들의 절반은 여성이고 스태프들의 3분의 1이 여성이다. 반반까지는 가지 않더라도 굉장히 많은 숫자의 여성들이 몇 개월 동안 작품을 같이 하면서 함께 만들어가야 하는 데 여성 리더가 한 사람이 있으면 좀 더 가족 같은 분위기가 만들어진다. 꼼꼼하게 여

러 가지 사항을 체크하니까 문제도 덜 발생하면서 안정감을 누릴
수 있게 된다. 몇 십억, 몇 백억 짜리 영화를 여성이 과연 끌고 갈
수 있을까 하는 의구심도 지금은 많이 사라지고 있다. 밑바닥부
터 여성들이 많이 활동하면서 잘하고 있다는 신뢰감을 많이 쌓아
가고 있다.

판단을
연습하라

우리는 순간순간이 늘 판단의 연속인 삶을 살고 있다. 나의 경우 누군가가 판단을 내려준다면 일이 좀 더 버겁더라도 그게 더 낫겠다고 생각한 시절도 무척이나 많았다. 애플이라는 거대 기업을 이끌어가던 스티브 잡스도 이런 말을 했다고 한다.

"플라톤에게 질문할 수만 있다면 애플을 내놓아도 좋다."

창조와 혁신의 아이콘이라고 불리는 스티브 잡스마저도 어떤 결정을 내릴 때 얼마나 고심했는지를 알 수 있는 대목이다. 그러나 질문에 대한 판단의 근거들은 자신이 만들어오는 것이 아닐까?

영화판의 안수현 대표는 영화를 정말 좋아해서 이쪽 일을 시작했다고 한다. 영화 〈바람과 함께 사라지다〉를 초등학교 3학년 때 극장에서 본 그녀는 당시 흑백텔레비전이 흔하던 시절 총천연색 컬러로 된 이 영화가 너무 멋있어서 반했다고 한다. 그때의 기억이 생생하고 그 인상이 너무도 강렬해서 손에 닿는 영화는 미친 듯이 다 보기 시작했다. 컬러텔레비전이 나오고는 〈주말의 명화〉를 즐겨봤는데, 영화 자체의 스토리도 재미있고 배우도 멋져서 이렇게 무작정 영화를 좋아하다가 관련된 일이 하고 싶어졌다. 그녀에게는 감독이나 작가가 가진 창작 재능이 없다고 판단되서 영화 마케팅 일을 시작하게 되었다. 그렇게 좋아하던 영화는 미국에서 유학하면서 하나씩 하나씩 내면에 쌓이기 시작했다.

"제가 마케팅 업무를 처음 할 때 〈구미호〉라는 영화를 만들게 됐어요. 당시 한국에서는 최초로 할리우드처럼 컴퓨터 그래픽, 스턴트 무술 등 신기술을 접목했는데, 흥행은 잘 안됐어요. 다들 상처를 받았지요. 그리고 〈결혼 이야기〉, 〈은행나무〉 등 다른 작품을 준비하다가 회사가 어려워지면서 어쩌다가 쉬어야 하는 상태가 됐습니다. 다들 어려운 와중에 어떻게 해야 할지 고민을 많이 했는데, 대화 도중 제가 본 영화가 별로 없다는 걸 느끼게 됐어요. 극장에서 개봉하거나 비디오로 나오는 것만 봤을 뿐 책에 나오는 영화는 한국에서 구하기도 어렵고, 어렵게 구한다 한들 화질이 안 좋거나 자막이 없었거든요.

그때 지인이 외국에 가면 영화를 마음대로 볼 수 있다고 해서, 당시 뉴욕에서 작업하는 감독님도 있고 해서 놀러 가듯이 가게 됐어요. 그때 도시락 싸들고 다니면서 죽도록 영화만 봤네요. 극장에 가서 하루에 3편씩. 집에 오면 비디오를 복사해서 한국에 챙겨가려고 하나 둘 모았지요. 봐도 봐도 끝이 없더라고요. 귀국할 때도 다른 거 다 버리고 비디오테이프만 300개 들고 왔네요."

《조선비즈》 2016년 2월 24일자 인터뷰 중에서

판단이란 이렇게 내면에 근거들이 세워질 때 수월해지는 것이다. 기사의 데스킹을 볼 때 기사를 많이 써 본 사람만이 눈치채고 챙겨볼 수 있다. 영화도 마찬가지로 영화를 많이 봐야 관객의 마음을 알 수 있고 판단의 근거를 찾을 수 있다. 판단은 괴로운 일이다. 판단을 내리고 나면 반드시 상처 입는 자들이 등장하기 때문이다. 누구나 판단을 유보하고 싶고 그런 상황과 맞닥뜨리고 싶지 않다. 하지만 판단은 자장면 배달이 가지고 있는 원칙처럼 신속하게 내려야 하는 것이다. 임상수 감독과 안수현 대표는 그림에 대해 이야기를 나눌 기회가 있었다고 한다. 안수현 대표가 그림에 대해서

"나는 진짜 그림을 봐도 잘 모르겠더라고요. 특별히 뭐가 훌륭한 그림이고 비싼 그림인지는 혹시 평론가들이 평론을 위해서 만

들어낸 것은 아닐까요?"

라고 했더니 임상수 감독은 그림을 만 장쯤 보라고 했다고 한다. 좋은 그림을 만 장쯤 보면 이해할 수 있게 된다고 말이다. 그게 왜 좋은 그림인지 정보와 설명을 읽고 이해하려고 하지 말고 사람들이 좋다고 추천하는 그림을 쭉 만 장만 보라는 것이다. 그러면 본능적으로 무엇이 좋은 그림인지 저절로 알게 된다. 어느 분야에 본능적인 판단의 능력을 기르려면 최소한의 시간이 필요하다. 달리기 선수가 러너스 하이를 경험하지 않으면 장거리를 달릴 수 없을 것처럼 고통의 경지를 넘어선 환희를 맛보지 않은 사람은 본능적인 안목을 기를 수 없다.

그림으로 치면 피카소의 그림은 나 같은 문외한이 이해하기엔 난해하다. 그래서 그 난해한 그림을 설명해 놓은 글을 읽어도 이해가 안 갈 때가 더 많다. 문화적 혜택을 받기 어려운 한 시골에 지능이 좀 떨어지는 아이가 있었다고 한다. 그 아이가 피카소의 그림을 무척이나 좋아했다고 한다. 그 이야기를 들은 동네 어른이 피카소의 그림이 아닌 비슷하게 알 수 없는 듯한 그림을 보여줬더니 그 아이가 "에이~ 이건 별로다"라고 했다고 한다. 피카소라는 화가가 얼마나 대단한 사람인지 우리는 몰라도 볼 줄 아는 사람들은 본능적으로 알 수 있다는 것이다.

안수현 대표는 끊임없이 판단을 요구받는다. 심지어 정답이나 모범답안도 없다. 이 사람과 저 사람이 있는데 누가 더 좋으냐고 묻는다. 촬영 장소를 정할 때도 여기와 저기가 있는데 어디가 더 좋으냐고 묻는다. 그런데 어느 쪽을 선택한다고 해도 '이건 절대 안 된다'라는 기준이 없다. 그렇다면 판단의 기준은 무엇이어야 할까?

영화는 대중적인 예술이어서 누구나 영화를 보면 의견을 갖게 된다. 영화는 본능 안에 있는 감정이 움직여야 하는 예술이다. 책에서 무수히 칭찬을 한 영화들을 보더라도 내 기준에서 그 영화는 어떤 영화인가 판단을 내려봐야 한다. 그 과정을 통해 자신의 '경험의 빅데이터'를 만들 수 있다. 사람들이 극찬하는 영화가 아니더라도 내게는 의미가 있을 수 있다. 내 마음을 움직이고 박수치고 싶은 영화를 만들어야 한다. 그런데 내가 무엇을 좋아하는가 하는 것도 나의 끊임없는 경험이 없이는 이루어질 수 없다. 이렇게 일을 이끌어갈 때 자신의 안목을 바탕으로 하게 된다.

'가만히 있으면 중간이나 가지.' 우리가 흔히 쓰는 말이다. 모난 돌이 정을 맞는다는 이야기와도 비슷하다. 그러나 정을 맞더라도 자기 스스로 판단을 내리는 연습을 해야 한다. 후배 시절에 어떤 판단을 내리면 그것을 고쳐볼 방법도 있고 방향을 수정할 수 있는 방법도 있다. 그러나 이미 선배가 되어 버린 상황에서 그제야 판단하고 결정하는 일이 서투르다고 아무리 하소연을 해도 들어줄 사람이 없다. 판단의 가장 좋은 방법은 선배가 판단을 내릴 때 내가 만약에 저런 상황이라면 어떻게 할 것인가를 끊임없이 시뮬레이션을 해보는 것이다. 판단을 하는 연습을 끊임없이 하고 또 판단을 끊임없이 내리면서 나만의 길을 찾을 수 있다. 실패하고 싶지 않아서 아무런 판단도 하지 않는다면 성공할 수도 없다.

마케팅을 담당하고 있는 최명화 대표는 판단을 내리기 전에 항상 듣는 사람의 입장에서 생각해본다고 했다. 듣는 사람이 궁금해 하는 점을 들려주어야 한다는 것이다. 내가 무엇을 했는지가 아니라 '상대방이 도대체 무엇을 궁금해 하는가?'가 중요하다고 한다. 그런 다음 고객이 질문을 하면 모범답안을 줘야 한다. 철저하게 예상 질문을 준비하고 심지어 무엇을 궁금해 할지를 예측해야 한다. 최명화 대표는 이렇게 듣고 나서 판단을 내리기 전에 마음이 편안해질 때까지 생각을 한다고 했다. 자신만의 판단 기준을 끊임없이 연구하고 자신 있게 판단할 수 있어야 한다. 끊임없이 질문하고 생각을 하고 수정하고 연구하는 동안 자신은 커다란 나무처럼 성장할 수 있다.

큰 거 한 방으로
들이받아라

어느 지인이 방송에서 해준 이야기다. 국회의원 선거에서 낙방해서 괴로워하고 있는 중이었다고 한다. 아내도 남편에게 아무 말도 못하고 집안 분위기는 무겁게 가라앉아 있었다. 그렇게 며칠이 지났을 때 아침에 일어나보니 딸아이가 책상 위에 무엇인가 올려두고 출근했다고 한다. 그 문구는 바로 이렇다.

'이 또한 지나가리라.'

직장생활에서 만나는 사람들 때문에 밤잠 못 자고 일어나 아침 출근길이 무거워 본 사람들에게는 이 말을 선물해주고 싶다. 영원히 안 끝날 것만 같았던 일들도 끝나게 된다. 그 분도 딸아이의 그 글귀를 보고 마음을 접었다고 고백했다. 사람을 만나서 겪게 되는 마음의 어려움은 떨쳐내기가 참 어렵다. 명령복종의 군 생활에서도 어려운 상사는 꼭 있다. 송명순 예비역 준장이 차장을 맡고 있을 때였다. 유학을 다녀와서 조직의 모든 것이 새롭게 보일 때였다. 무엇이든 새로운 시도를 해보고 싶은 시기였는데 한 상사의 횡포 때문에 전부 다 그 일터를 떠나고 싶은 그런 상황이었다. 이럴 수도 저럴 수도 없는 상황에 송명순 예비역 준장은 극약 처방을 했다. 회의 시간에 남들이 다 보는 자리에서 상사를 들이받은 것이다. 군에서 가장 싫어하는 하극상이 벌어진 것이다.

"선배님 그러지 마십시오. 여기서 근무하는 사람들은 선배님만 바라보고 근무하는 사람들이 아닙니다. 큰 목표를 가지고 근무하는 사람들이 선배님이 갖고 계시는 그런 인성, 지금 하고 계시는 그런 행동을 때문에 꿈이 좌절되어서야 되겠습니까? 지금 그런 행동들을 바꾸시지 않으면 저희가 바꾸겠습니다."

상사는 송명순 예비역 준장이 존경하고 좋아하는 선배였다. 능력이 아주 탁월한 데 반해 본인이 갖고 있는 인품 때문에 오히려 손해를 보는 안타까운 사람이었다. 그래서 공식적으로 과원들이 다 보는 데서 사과할 것을 요구했다고 한다. 만약 사과 요구를 받아들여 주시지 않으면 업무를 보이콧 하겠다고 선언했다. 군에서는 정말 큰일이 난 것이다. 상황에 따라 다르겠지만 군에서 하극상은 군법에 의해 엄하게 처벌한다.

부서에 있는 사람을 대표해서 송명순 예비역 준장이 들이받은 상황이 되었으니 그 상사 입장에서는 무척이나 창피한 일이 벌어진 것이다. 그리고 상사가 거부할 수도 없는 상황이 되어버렸다. 송 예비역 준장은 그런 심각한 상황이 왔을 때 몇 번 찾아가서 그냥 조언을 하는 것으로는 통하지 않는다고 판단을 했다. '큰 거한 방' 그것도 공개적으로 사람들이 있는 곳에서 이야기를 해야 한다고 생각한 것이다. 회사를 다녀본 사람이라면 절대 쉽게 선택할 수 없는 방법임에는 틀림없다. 그러나 이러한 과정이 없다면 윗사람의 행동을 교정할 수 있는 방법이 그리 많지 않다. 그 선배와 그동안에 쌓은 서로에 대한 믿음이 있었기 때문에 가능하지 않았을까 생각한다.

그 일이 있고 나서는 송 예비역 준장은 그 선배와 더 가까워졌다고 한다. 비록 선배의 인성이나 행동이 많이 달라지지는 않았지만 그래도 조심은 하게 되었다고 한다. 나 자신을 돌아봐도 알 수 있지 않은가? 사람은 절대로 안 바뀐다. 어쩌면 절대 안 바뀌는 것은 아닌데, 잘 안 바뀌니 절대 안 바뀐다고 생각을 하는 편이 낫다. 송명순 예비역 준장이 그렇게 선배를 들이받을 때도 뭔가 많이 바뀔 것이라고 생각해서 결행하지는 않았다. 그러나 그런 일이 있고 나면 '내가 조금만 잘못하면 또 후배들이 나를 들이받겠지'라는 생각이 있어 경계심을 늦추지 않는 것만으로도 효과는 충분하기 때문에 결행한 것이다. 전역을 하고 나서 지금도 "선배님,

선배님"하면서 엄청 따르고 잘 모신다고 한다.

　선배들이나 상사들에게 혹 부족한 점이 있다고 해도 이야기를 꺼내기가 수월치 않다. 후배된 사람이 자꾸 찾아가서 듣기 싫은 소리를 매일 할 수가 없는 것이다. 회사란 어차피 위계질서가 존재하는 곳이기 때문에 그렇게 할 수도 없다. 후배들이 아무리 좋은 취지와 명분으로 다가가서 이야기를 한다고 해도 그게 너무 잦으면 감정적으로 받아들여질 수 있다. 또 이런 일을 결행하려면 본인도 그만한 상처 입을 각오를 하고 시작해야 한다. 직언하는 것을 후배들이 적극적으로 지원해준다고 해도 당사자에게 어떤 불이익이 올지 모르는 상황이기 때문에 직언한 후 나중에 보면 혼자 남을 수도 있다. 그러므로 한 방에 세게 하고 말아야지 자꾸 가서 읍소하는 방법보다 효과가 클 수 있다. 송명순 예비역 준장은 이 일을 결행할 때 그만둘 각오가 되어 있는 상황이었다. 매일 한 상사 때문에 회사를 그만둬야겠다는 생각을 끊임없이 하고 있다면 시원하게 직설적으로 털어놓는 것도 방법이 된다. 사람들은 의외로, 그리고 상상 이상으로 자신의 단점을 잘 모르기 때문이다.

　어느 비 오는 날 친한 언니 동생들과 미술관에 들렀다. 전시를 다 보고 난 후에 다 같이 식사를 하면서 내가 말을 꺼냈다.

　"아무리 생각해도 안 되겠어. 나한테 비밀 얘기를 해주지 마. 내가 가서 말을 하는 것은 아닌데 목소리가 너무 커서 사람들이 다 알게 돼."

정말 농담 반 진담 반이었다. 가끔 카페나 식당에서 이야기하는 것에 몰입하다 보면 '아, 내 목소리밖에 안 들리는구나' 하고 느껴질 때가 종종 있었다. 크게 숨길만한 이야기를 한 적은 없지만, 그래도 내 사적인 이야기가 다른 사람에게 알려지는 일이 달갑지는 않다. 나와 상대방 외에 누가 있다는 생각을 전혀 못한 채 그렇게 이야기에만 몰두하다가 어느 날 정신이 들었다. '헉! 이건 완전히 사람들한테 들어라 하는 수준이구만.' 그랬더니 그 이야기를 듣던 동생이 자기도 그렇다면서 그런데 그걸 최근에야 깨달았다고 했다.

"언니, 나는 내 목소리가 그렇게 큰 줄 몰랐어."

그 말을 듣고 다 같이 식사를 하던 자리에서 우리 모두가 웃었다. 아니 그걸 어떻게 모를 수가 있냐는 것이었다. 그녀는 아주 열정적인 사람이라 이야기를 하다가 보면 가느다란 목에 항상 핏대가 서 있었다. 그런데 본인의 목소리가 그렇게 큰 줄 몰랐다니. 이게 웬 말인가 싶었다. 그녀가 자신의 경험담을 들려주었다. 그녀가 가족들과 다 같이 함께 홍콩으로 여행을 갔을 때의 일이었다. 부모님은 숙소에서 주무시고 친오빠와 오랜만에 맥주 한 잔을 기울이면서 이런 저런 이야기를 나누었다. 오빠가 외국에서 일을 하고 있는 터라 이야기를 나눌 시간이 그리 많지 않아서 오랜만에 즐거운 시간을 보내고 있었다. 양쪽으로 외국인들이 잔뜩 있었고 그들도 아주 흥겨운 여행지의 밤을 만끽하는 모습이었다. 한참 이야기를 하고 있는데 어느 관광객이 조용히 다가와서 영어로 친오빠에게 물었다고 한다.

"네 아내가 무슨 일로 그렇게 화가 난 거야?"

신혼부부가 여행지에 와서 다툼이 있었다고 생각했던 것이다. 외모가 그렇게 닮지 않은 두 사람을 보고 남매라고 생각하지 못하고 신혼부부가 여행을 왔는데, 여행지에서 아내가 화가 나는 일이 있어서 저렇게 열을 올리면서 이야기를 하고 있다고 생각했고, 여자친구와 함께 두 사람을 관찰하던 한 관광객이 그 호기심을 참지 못하고 말을 걸었던 것이다. 그리고 돌아보니 주변 사람들이 두 사람을 자꾸 쳐다보더란다. 그때 알았다고 했다. 자기가 그렇게 목소리가 큰지를. 믿기지가 않아서 정말 몰랐냐고 내가 두 번이나 물어보았다. 그런 대화를 나누고 있는 중에도 우리 목소리가 제일 크게 들렸다. 난 그녀의 그 열정적인 모습을 지금도 무척이나 좋아하지만, 자신의 그런 모습을 몰랐다는 데 깜짝 놀랐다.

이렇게 사람들은 자신의 단점이 무엇인지 모르는 경우가 많다. 그리고 실제로 자신이 하는 말이 상대방에게 어떻게 비춰지는지는 정확하게 모른다. 남남끼리 모여서 일을 하고 있는 회사에선 더더욱 자신의 단점을 모르게 된다. 그러니 상대방의 단점 때문에 괴롭다면 어떤 상황이든 정확하게 말을 해주는 것이 제일 좋다. 그러나 시간과 장소 상황을 감안해야 한다. 그 사람의 마음에 들어가지 않으면 어떤 조언도 소용이 없기 때문이다.

앞서 말한 송명순 예비역 준장의 선배의 경우도 마찬가지이다. 자신의 직장생활에 심각하게 문제가 있음에도 불구하고 송명순 예비역 준장이 이야기하기 전까지 의식을 하지 못했다는 것이다. 그 선배는 직급을 감안했을 때 군 생활을 하루 이틀 한 사람이 아니다. 그럼에도 단점을 계속 지니고 있었다면 꽤 오랫동안 그런 방식으로 회사생활을 해 왔음에도 한번도 관련된 이야기를 들어본 적이 없는 것이다. 아무도 이야기하지 않았거나 이야기를 했다고 해도 너무 돌려서 이야기를 하는 바람에 자신의 이야기인지 몰랐을 가능성이 크다.

송명순 예비역 준장의 태도가 그 당시에는 기분이 나빴어도 나중에는 고마웠을 것이다. 이런 일을 감행하려면 늘 '신뢰'라는 적금을 날마다 꼬박꼬박 들어야 한다. 직언한 그 이야기를 선배가 받아들여주려면 평소에 그녀의 행동에 좋은 평가가 있어야 했다. '저 사람이 저렇게까지 말을 하고 저렇게까지 할 때는 이유가 있을 것이다'라고 생각할 수 있어야 한다. 그렇지 않으면 음해한다고 오해할 수도 있고 선배를 밟고 올라서려 한다는 의심을 받을 수 있다. 그런 의심을 받기 시작하면 끝이 없다. 그러나 최후의 수단으로 이런 방법을 결행한다면 나도 준비가 되었는지 그 선배와 끝까지 같이 가고 싶다는 마음이 있는지 살펴봐야 한다. 1~2년만 버티면 근무지가 옮겨질 수도 있는데 굳이 저렇게 위험한 방법을 결행해야 할 이유가 없는 것이다.

후배들도 이런 일들을 통해서 배우게 된다. 그런 후배들에게 송명순 예비역 준장은 '위기가 복이다'라고 항상 말한다고 한다. 이런 위기를 잘 극복했을 때 그 다음에는 어떤 사람이 와서 함께 일을 해도 잘 이겨낼 수 있기 때문이다. 상황은 받아들이기 나름이다. 송 예비역 준장의 생각으로는 이렇게 크게 한 방으로 설득하지 않으면 선배는 알았다고 대답은 할 수 있지만 실제로는 기분 나쁘게만 여기고 지나갈 수도 있다. 공개적으로 이야기를 하면 반박을 하기가 어렵다. 그게 사실일 경우 이야기를 하는 사람에게 명분이 있기 때문이다. 그런데 공개적으로 반박하기 위해서는 분명한 자료를 가지고 해야 한다. 언제 어떤 상황에서 어떻게 했기에 그리고 어떤 결정을 내렸고 그 결정이 어떤 영향을 주었는지 불만사항에 대해서 조목조목 자세하게 이야기를 해야 한다. 그래서 공개적으로 이야기를 했을 때 "그때 이런 결정을 내리셨어야 회사와 조직에 다 도움이 되지 않았겠냐"고 말을 할 수 있다. 이렇게 근거를 가지고 이야기를 해야 효과가 있다.

후배들을 대할 때도 공개적으로 일을 처리해야 할 때가 있었다. 후배들 중에 한 중령이 있었다. 그 중령이 맡은 직책은 정말 한가한 직책이었다. 그 사람을 빼고 나머지 부하들은 거의 매일 야근을 하다시피 했다. 새벽 6시에 출근을 해서 12시가 넘어서 퇴근하는 것이 아주 다반사였다. 일이 많은 어떤 날은 아예 사무실에서 자는 날도 종종 있었다. 그런데 이 중령은 칼출근 칼퇴근이었다. 아침 8시부터가 근무 시간인데 7시 50분에 출근해서 딱 6시 5분에 칼퇴근을 하는 것이었다. 송명순 예비역 준장은 딱 세 달을 지켜봤다고 한다. 가만히 보니 업무가 많은 후배가 그 중령에게 찾아가서 도움을 요청하기도 했다고 한다. 별로 바쁘시지 않으면 일을 좀 나눠서 할 수 없겠냐는 것이었다. 그러면 그 중령의 대답은 한결같았다.

"너희는 그 자리가 그렇게 바쁜지 모르고 선택했냐? 나는 이 보직이 한가한 줄 알고 별 볼일 없는 이곳에 와 있는 거야."

라며 일언지하에 거절했다. 칸막이 사이로 이 둘의 대화가 들렸다. 그리고 또 두 달쯤 시간이 흘렀다. 부하들은 더 이상 업무량을 견디지 못하고 공식적인 건의를 하기 시작했다. 그 중령의 비협조적인 태도에 대한 불만도 이야기했다. 업무 재조정이 필요하다고 느꼈다. 크게 지시하지 않아도 솔선해서 야근을 하면서도 늘 웃는 표정이었던 병사들이 저렇게 이야기할 때는 정말 업무가 과중하기 때문이다. 아침 회의 시간에 이야기를 꺼냈다.

"본인들의 업무가 이미 정해져 있는 것은 알지만, 그래도 업무를 좀 분담해줘야 할 것 같다. 서로 도와주면 비슷한 시간에 출근해서 비슷한 시간에 퇴근할 수 있지 않겠어? 누구는 맨날 야전 침대 깔고 여기서 자고 다 똑같이 가족이 있는데 그래서 되겠나?"

다들 동의하는데 단 한 사람만이 못하겠다고 나섰다. 이유는 자기가 맡은 일만 잘하면 되는 거지 왜 다른 사람들의 일까지 자신이 해야 하는지 모르겠다는 것이었다.

그런데 그 중령이 박사 과정을 밟고 있는 중이었다. 아침에 좀 일찍 왔다 싶은 날은 논문 때문에 일찍 온 것이고, 늦게 가는 날은 프린트를 해야 되니까 남아 있었던 것이다. 그녀는 그때까지도 중령에게 반말을 쓰지 않았다고 한다. 반말을 하거나 강압적으로 하지 않아도 자신의 일을 잘하고 있었기 때문에 굳이 그렇게 할 이유가 없었던 것이다. 그 순간 송명순 예비역 준장이 한마디 했다.

"야! 그러면 니가 과장해라. 내 자리 비워 줄 테니까 니가 과장해라. 자기 볼일 있으면 아침에 일찍 와서 인터넷 켜서 온갖 자료 다 끄집어내고, 밤늦게 일하는가 싶어서 보면 사무실용품 다 써 가면서 밤새도록 프린트하는 놈이 예쁜지 니가 과장하면서 한번 봐라."

이 한마디에 전부 놀랐다. 그녀가 반말하는 모습을 처음 본데다가 자신들의 상황을 과장이 다 모르고 있는 줄 알았는데 너무 속속들이 다 알고 있으니까 놀랄 수밖에 없었다고 한다. 당일 회의 시간 동안 단지 그 중령의 잘못만 지적한 것이 아니라 야근하는 사람들의 고충과 개개인의 특성까지도 다 이야기를 했다. 상사인 그녀가 다 알고 있다는 것을 보여주었다.

다음 날부터 상황은 바뀌었다. 아침에 오전 6시에 출근해보니 늘 출근해 있는 세 명을 제외하고 그 중령이 출근한 것이다. 그러나 속으로 '오늘도 학위 논문 때문에 할 일이 있나 보다'라고 생각을 했다고 한다. 그런데 사람들이 다 있을 때 오기는 그렇고 송명순 예비역 준장이 일찍 출근하는 것을 아니까 시선이 많지 않을때 출근한 것이다. 그러고는 죄송하다고 사과했다고 한다. 그날 자신이 참 많이 느꼈다고, 본인이 가장 나이도 많고 고참 중에서도 제일 고참인데 미처 그런 것을 생각하지 못해서 죄송하다고 사과했다고 한다.

평소에 송명순 예비역 준장이 늘 거칠고 말도 함부로 하는 사람이었다면 어쩜 이런 결과는 오지 않을 것이다. 그러나 평소에 후배들을 함부로 하대하지 않고 선배들에게 깍듯한 후배였다면 그녀의 변화는 사람들에게 충격을 줄 수 있다. 회사생활을 하면서 가장 껄끄러운 사람은 깍듯한데 할 말을 하는 사람이 아니던가? 때로 더 이상 물러설 수 없다고 생각되는 순간 이런 승부수를 띄워야 하지 않을까?

내 편 다섯 명이면
충분하다

사람보다 더 무서운 게 있을까? 사람에게 베인 상처는 잘 아물지도 않는다. 그런데 또 사람만큼 달콤한 존재가 있을까? 그의 한마디가 사람의 인생을 아주 바꿔버리기도 한다.

오랜 직장생활을 끝내고 새로운 일을 시작한 최명화 대표는 늘 사람관계로 고민하지만 '이 또한 지나가리라' 생각해보면 어떨까 말했다. 일단 마음의 여유를 갖는 것이 가장 중요하다고 지적했다. 소설을 쓰지 않았으면 좋겠다고 생각했던 것처럼 작은 일에 안달하고 속을 끓이다 보면 자신의 불편하고 힘든 상황을 더욱 못 견디기도 한다. 윗사람을 모실 때, 후배들을 대할 때 그녀의 표현으로 '뜨거운 아부'도 필요하다고 했다. 그런데 오히려 여성들이 그런 부분을 잘 못한다는 것이다. '아부'가 좋지 않은 느낌을 주지만 그렇다고 간이나 쓸개를 따 빼고 없는 말을 지어서 하라는 것이 아니다. 여기서의 아부란 그 상대의 장점을 굳이 표현해주라는 것이다. 그것도 자연스럽게.

남성들이 술자리를 빌려서 하는 이야기인데 여자들은 그렇게 하기 어렵고 안하려고 한다. 여성들이 보기에 참 이해를 할 수 없었던 점이 바로 '형님, 동생'으로 묶여지는 형제애이다. 그런데 여성들은 자신을 내려놓고 얼굴 뜨겁게 아부하는 방식으로 인간관계를 맺지 못하는 경우가 많다. 일만 잘하면 된다는 생각이 강하기 때문이다. 최명화 대표는 여성들 사이에서는 업무를 하면서 할 수 없었던 서로의 장점을 한껏 추켜세우면 너와 나를 묶어줄 수 있다고 강조한다.

"팀장님 같은 분은 비록 제가 일을 하면서 투덜대고 저와 의견 차이는 있지만 진짜 어떤 면에서 정말 존경합니다. 우리나라에서 최고세요."

라고 말한다. 평소에 이런 교감이 있을 때 그 다음에 갈등이 생겨도 이야기할 수 있는 여지가 생긴다. 여성들은 순진하고 솔직한 부분이 있어 어쩌면 이런 아부를 잘 못할 수 있다. 회사 내의 선배나 후배에 대한 평가가 끝나면 이런 이야기를 굳이 면전에서 하기가 썩 유쾌하지 않다. 그러나 눈을 크게 뜨고 살펴보면 그 사람이라고 왜 장점이 없을까? 하다못해 '어쩜 그렇게 매일 정시에 출근 하세요?'라고도 말할 수 있는 것이다. 이런 인간관계를 통해 신뢰감을 쌓는다면 다양한 갈등이 생기더라도 여전히 상대방에 대한 존경심이 있기 때문에 갈등을 풀어나가기가 쉬워진다.

여성들은 남성들과 반대로 사내 정보 수집에도 약하다. 남성들은 남들한테 무슨 일이 벌어지는지 정보를 끊임없이 수집한다. 담배를 태우는 사람들은 담배를 피우면서, 술을 마시는 사람은 술을 마시면서 정보를 수집한다. 그런데 여성들은 사내에서 벌어지는 일에 전혀 관심이 없다. 자신의 일만 정말 열심히 해서 눈치 없는 사람이 되는 것이다. 회사나 업무에도 트렌드라는 것이 있다. 정답이 없는 세상일에서 '상황에 걸맞은 선택'이 중요하다. 사내에서 벌어지는 일을 잘 알고 있어야 나에 대한 정확한 판단을 할 수 있다. 이때 정보를 습득하기 위해서 반드시 술을 마셔야 한다고 말을 하는 것은 아니지만, 인간관계를 자산으로 가지고 있어야 한다. 사람의 재무상태로 표현하자면 '부동산'과 같은 것이다.

이럴 때 최명화 대표는 '스윗스팟'을 가지라고 조언한다. 우리가 '인맥'이라고 표현하면 문어발식 인관관계처럼 안 좋게 아는 사람이 많겠지만 꼭 그렇지는 않다. 많이는 필요 없지만 그래도 나에게 직언을 해줄 수 있고, 나도 그 사람한테 직언을 해줄 수 있는 그런 스윗스팟이 있어야 한다는 것이다. '직언'을 해줄 수 있다는 건 무척이나 중요한 자산이다. 나는 좋은 인간관계는 '선의'를 가지고 그냥 잘 대해주는 것이라고 생각했다. 그래서 사람들에게 늘 칭찬해주고 내가 참고 그 사람을 배려해주곤 했다. 그런데 내가 참기만 하는 인간관계는 오래 갈 수가 없었다. 왜냐하면 늘 잘해주는 사람에게 상대는 긴장하지 않고, 나는 나대로 혼신의 힘을 다해서 그 사람을 대하다 보니 지치고 힘들어질 수 밖에 없기 때문이다. 인간관계를 형성하려면 서로 직언을 주고받는 대등한 느낌을 줄 수 있어야 한다.

가장 자연스러운 것이 동년배들이다. 아래 직원과도 친해지면 서로 마음을 나눌 수도 있지만 내 아랫사람을 데리고 나의 문제점과 어려움을 토로하면서 이야기하기가 쉬운 일이 아니다. 선배나 좋은 멘토가 있는 것도 방법이다. 최명화 대표처럼 여성들이 귀하던 시절에 직장생활을 했던 사람들에게는 거의 마지막 단계에서 살아남은 동년배를 찾기란 참 어려웠다. 특히 손을 잡을 수 있는 여성들은 더욱 찾기가 어려웠다. 그럴 때 본인을 믿어주고 의지하는 상사에게 멘토링하는 방법이 있다. 지금 직장생활을 열심히 하고 있는 여성들은 동기나 동년배들의 숫자가 많아 더욱 유리한 측면이 있을 수 있다.

최명화 대표는 아주 솔직하게 인맥을 관리했다. 오랫동안 마케팅 업무를 해왔던 그녀 주변에는 사람이 적지 않은 편이었다. 그래서 기술적인 방법으로 1그룹, 2그룹, 3그룹을 나누어서 관리를 해 왔다고 한다. 그런데 이런 인맥을 만들고 관리할 수 있는 가장 좋은 방법은 '진정성'이었다. 인맥에 진정성을 기준으로 둔다는 것이 공자님 말씀 같을 수 있지만, 정말 공자님 말씀에는 의미가 있다.

인맥은 소수일지라도 진정성을 가지고 있는 것이 중요하다. 살아가면서 많은 일을 하게 되는데 일을 할 때마다 만나게 되는 사람들을 내가 다 알 수가 없다. 그리고 다 알 필요도 없다. 업무에서 내가 어떤 사람이 필요할 때 그 사람에게 나의 인맥을 통해서 부탁할 수 있는 사람만 있으면 된다. 내가 그 분야의 사람을 모른다고 할지라도 내 주변에 부탁해줄 수 있는 사람만 있으면 된다는 것이다. 그래서 내 일이라면 열 일 제치고 도와줄 수 있는 사람 다섯 명만 있으면 된다. 그런데 그 다섯 명을 정말 정성으로 대하는 것이 중요하다. 다섯 명이면 직장생활을 하면서 계속 갈고 닦을 수 있는 정도의 사람이다. 다섯 명 중 한 사람이 아는 사람이 다섯 명일 것이고 또 그 사람이 아는 사람이 다섯 명일 터이니 그렇게 보면 무한대 확장이 가능할 수 있다. 내가 얇고 넓게 오십 명을 알고 있는 것보다 무조건 믿어주고 달려와줄 다섯 명 정도면 충분히 성공한 직장인이 될 수 있다.

직장생활을 하면서 폐 끼치지 않는 사람이 되고 싶었다. 일을 못해서 다른 사람이 나로 인한 피해를 입지 않을 수 있도록 열심히 일했다. 그리고 다른 사람의 마음을 다치게 하고 싶지 않았다. 그것은 내가 좋은 마음을 가지고 있는 사람이어서 그런 것이 아니라 내가 그렇게 상처 입는 것이 끔찍하게 싫었기 때문이다. 그래서 늘 웃는 얼굴로 사람을 대하려고 애썼다. 업무의 특성상 오래 알고 지내는 사람들과 일을 계속해나가는 일이 아니고 개편할 때마다 인터뷰를 할 때마다 다른 사람을 만나는 일을 했기 때문에 더욱 그랬는지 모른다. 그런 인간관계일 때 생기는 문제점은 나의 마음을 쉽게 토로할 수 없다는 것이다. 나의 이런 인간관계 맺는 방법은 철저하게 상처 입고 싶지 않은 '웅크린 등'이기 때문에 생겼다. 내가 상처 입기 싫으니까 상대방에게도 상처 입히지 않고 나도 입지 않는 선에서 선긋기를 해온 것이다. 덕분에 나는 서로에게 좋은 인상을 가지고 있는 사람들은 많다. 그런데 과연 그것은 인맥일까? 아니면 스윗스팟일까? 나의 직장생활을 돌아보면 그것은 스윗스팟도 아니고 아무것도 아니었다. 만나면 밥 한번 먹을 수는 있지만 굳이 밥 약속을 잡기 위해서 노력해야 하는 사이도 아닌 것이다.

'내가 잘 되기를 바라는 사람'이 내게 가장 도움이 된다. 가족 그리고 나의 응원하는 사람들을 말한다. 그런 사람들이 내 곁에 있다는 것은 나도 누군가에게 그런 사람이라는 것이다. 그리고 그렇게 진정성을 가지고 사람을 키워야 한다. 호의를 가진 사람이 내 곁에 있다는 것은 나도 그에게 그런 사람이 되어줄 용의가 있음을 의미한다. 사업을 오래한 나의 지인은 늘 '서로 민폐 끼치면서 사는 것'이라고 말한다. 진정한 인맥이란 내가 좀 불편해도 그 사람을 위해 기꺼이 나설 줄 용의가 있는 것을 의미한다. 나의 전화번호에 찍힌 사람들을 쭉 둘러보았을 때 그럴 만한 사람이 몇 명이나 될까? 내가 불편함을 감수하고 그렇게까지 해줄 수 있는 사람은 몇 명이나 될까? 그 지인의 말처럼 민폐를 끼치고 살 수밖에 없음을 인정하는 것도 참 중요하다. 남한테 눈곱만큼도 신세를 지지 않고 살 수 있는 사람은 없다. 내가 자연스럽게 무슨 부탁을 할 때 상대방도 나에게 그럴 여지가 생기는 것이다. 사람에게도 마음의 여유를 가지고 대해보자.

인간관계가 사적인 것과 공적인 것을 딱 나누기가 참 애매하다. 정말 좋은 관계는 사적이고 공적인 관계가 아닐까 싶다. 공적으로 만났다 할지라고 사적인 마음을 나눌 수 있으면 가장 끈끈한 관계가 될 수 있을 것이다. 내가 지적하고 싶은 것은 공적인 관계니까 사적인 관계가 될 수 없다고 마음의 거리를 두지 말고 사람을 진정으로 대한다면 회사에서도 좋은 동료와 멘토를 만날 수 있다는 점이다. 하물며 취재를 하다가도 그 피해자의 마음을 느끼고 우정을 나누는 경우가 생기는데 일상생활에서 계속 부딪히는 사람들이야 오죽할까? 오늘부터 열린 마음과 눈으로 사람들을 만나보자.

위기에
강해야 한다

    회사는 성적순으로 사람들을 만나는 곳이 아니다. 일을 제일 잘하는 사람이 반드시 승진을 하거나 그 사람이 회사에서 가장 필요한 사람도 아니다. 업무 능력이 뛰어난 것보다 사장이나 팀장이 얼마나 그 사람을 믿을 수 있느냐가 중요하다. 사람을 믿을 수 있다는 건 절박한 순간에 가장 필요한 덕목이다. 그래서 회사에서는 내가 버려지고 아무것도 아닐 때 내 손을 잡아준 이가 평생의 인연이 된다.

    최명화 대표는 일 그 자체를 잘하는 게 문제가 아니라 인간으로 얼마나 단단하게 서느냐가 일의 성공을 좌우하는 경우가 많다고 말한다. 그런 면에서 보면 자신의 약점이 무엇인지 아는 것이 정말 중요하다. 후배들의 고민을 들어주다 보면 한 가지로 정리할 수 없는 고민들을 안고 살아가는데, 그런 고민들이 발생하는 원인은 그 사람이 가지고 있는 성향이나 믿음, 철학에서 비롯된다고 한다. 같은 상황이라도 그 상황을 어떻게 받아들이느냐의 문제이고 그 태도를 결정하는 결정적인 요인은 그 사람의 내부에 존재한다는 것이다. 그래서 흔히들 말하는 '멘탈갑'이 되기 위해서 노력해야 한다고 강조한다. 그녀가 몸담고 있었던 위민인이노베이션과의 인터뷰에서 여성들의 리더십에 대해 이렇게 지적했다.

"여성들은 과정을 중요시하고, 관계 의존적이잖아요. 그래서 큰 틀에서 보기보다는 세세한 과정에 집중하죠. 이는 생리학적 차이이기도 한데, 첫 번째는 이런 생리학적 차이를 인정하는 것이 가장 기본이라는 생각이 들어요. 차이를 인정하고 그 차이의 특징을 파악하고 그 다음은 자신의 일하는 스타일에서 어떻게 나타나는지까지 이해하면 그 다음으로 나갈 수 있죠. 전체의 틀을 보지 못해 부족한 점이 나타났을 때 남들 앞에서 당당하게 인정하고, 나타난 문제를 해결하면 문제가 될 게 없다고 생각해요. 그런 면에서 여성들은 뻔뻔해질 필요가 있어요.

회의석상에서 열세에 놓이면 근거가 부족하다는 것이지요. 이럴 때 의기소침하기보다는 그걸 인정하는 것이 필요해요. 저의 멘토인 한 남성 간부는 자신의 부족한 점을 오픈하고 당당하게 얘기하더라고요. 사실 오픈하고 나면 안 중요해지잖아요. 사람들은 지나치게 자기를 세상의 주인공으로 생각해서 사람들이 자기만 본다고 생각하는 측면이 있어요. 실수를 해놓고 의기소침하고, 스트레스 받고. 그러나 정작 회사나 다른 사람들은 그 사람의 실수가 아닌 그 실수를 어떻게 받아들이고 있느냐에 더 주목해요.

어느 직원하고 상담하는데, 팀원들이 모두 MBA출신이어서 열등의식을 갖고 있더라고요. 그 친구는 그 친구 나름대로 잘하고 있는데도 말이죠. MBA에 대해 고민을 하니, 네가 가진 것이 무엇이고 어떻게 드러낼까를 고민하라고 했어요. 각자의 모습은 다르고 우리는 결국 각자의 장점으로 성공하게 된다는 것이 저의 믿음이에요."

이러한 그녀의 노하우는 맥킨지에서 배울 수 있었다고 한다.

"사실 이 노하우는 맥킨지에서 배웠어요. 맥킨지에서 팀원으로서 프로젝트를 진행하던 시절 프로젝트를 주관한 팀장이 고객에게 박살이 났어요. 팀장의 입장에서는 팀원들 앞에서 박살이 났으니 얼마나 난처했겠어요. 그런데 다음 날 나타나서는 '배울 점', '더 잘할 수 있는 방법' 등을 효과 있게 제시하며 팀원들의 관심과 이슈를 다른 곳으로 옮겨가게 하더라고요. 당시의 난처했던 상황에 대해서는 언급을 하지 않고 고객이 지적했던 사실을 바탕으로 한 해결에 집중하는 것이죠. 전 무척 놀랐어요. 그러나 곧 그것이 매우 중요한 태도임을 알게 되었어요. 누구나 부족한 점은 있어요. 궁지에 몰릴 때도 있고요. 하지만, 그때 그 상황에서 배울 것을 배우고 인정할 것은 인정한 후에 앞으로 전진하는 모습을 보이는 것이 매우 중요해요. 자신을 이해시키려 노력하는 것과 자책하는 것은 그 다음 중요 순위죠."

사람들은 타인에 대해 우리가 생각하는 것보다 훨씬 관심이 없다. 너무 자신이 주인공인 것처럼 생각하게 되면, 작은 실패도 극복하기 힘들게 된다. 이렇게 실패를 극복하지 못하면 우리는 조금도 앞으로 나갈 수가 없다. 최명화 대표는 오랜 기간 일을 하면서 '단단한 자아를 가진 사람만이 삶의 고난과 역경을 견뎌내어 성공할 수 있다'고 밝혔다. 정신적으로 강인한 사람만이 자신이 원하는 삶을 그리고 원하는 행복을 누릴 수 있다는 것이다.

"단단한 자아는 어떤 고난이나 슬픔이 찾아오더라도 극복할 수 있는 마인드를 의미합니다. 누구나 살면서 많은 어려움을 겪지만 그것을 어떻게 극복해나가느냐가 행복한 삶을 결정짓습니다. 이러한 마인드는 자신의 성격과 성향을 파악하고 있는 그대로의 자신을 인정하는 데서 시작됩니다."

자꾸 남들과 비교하면서 그 잣대로 나를 짓누르기보다는 자신만의 강점을 찾아야 한다는 것이다. 회사에서 그 부분을 인정받고 성장하면 된다. 방송을 진행하는 경우도 꼭 개성이 있어야 하지만 개성이 없는 것이 개성이 될 수도 있다. 진행자들 중에는 무난하고 실수하지 않고 다른 사람들과 잘 어울리는 것이 장점인 사람들이 있다. 여러 명의 MC가 함께 진행하는 형태의 요즘 방송에서 안정적이고 어울림이 있는 것 자체도 큰 강점이 될 수 있기 때문이다. 자신의 무난함마저도 장점으로 키울 수 있으니 자신을 돌아보아 그 장점을 발견해야 한다.

최명화 대표가 한창 회사생활을 할 때는 일단 여자의 모수가 적었다. 그러나 이제는 변할 것이다. 현재 과장급을 기준으로 봤을 때 여성들의 숫자가 많다. 앞으로는 분명하게 양적인 성장이 당연히 많아질 것이다. 이제 진정한 리더가 되는 일을 고민해야 할 때이다. 앞으로는 숫자만 많을 것이 아니라 한정된 분야를 넘어 남성의 전유물로 생각되는 분야까지 아주 다양한 분야에서 활동하는 여성들을 만나게 될 것이다.

그리고 이제는 남성과 여성이 서로의 특성 그리고 자신만의 특성을 잘 이해할 때 성공할 수 있다. 여성들이 무조건 역차별당하고 있다고 볼 수 없고, 그리고 차별에 자꾸 초점을 맞추기 시작하면 여성들이 할 수 있는 것은 아무것도 없다. 시작점부터 수비적인 자세를 취하면 할 수 있는 일을 찾을 수 없는 것이다. 조직이란 원래 서열이 분명하고 일사분란하게 한 가지 목표를 향해서 가야 한다. 결과를 내기 위해서 달리는 것이다. 남성은 남성성에 가까운 것을 느낄 때 여성은 여성성에 가까운 상황이 되었을 때 가장 행복감을 느끼기 때문에 그러한 목표지향적인 부분이 여성들의 성향과 좀 안 맞는 면이 있지만 훈련을 통해서 능력을 키울 수는 있다.

여성들은 아이를 낳고 기르면서 '안정'이라는 키워드를 지니고 있다. 조직도 아이처럼 안정적인 상태에서 잘 돌보고 키우는 데는 여성들이 강점을 보일 수 있다. 반면 남성들은 원시시대에 사냥을 하면서 생사가 걸린 수렵활동을 해왔다. 또 숲 속에서 어떤 사냥감을 맞닥뜨릴지 또 어떤 적수를 만날지 알 수 없었다. 그런 불확실한 상황을 관리하면서 분석적이고 계산적인 사고가 발달되어 왔다. 물론 최근에는 상황이 많이 달라졌다. 예전에는 남자가 밖에 나가서 활동하고 신체를 사용해 가족을 먹여 살렸지만 최근에는 머리를 쓰고 대화를 하는 일을 더 많이 한다.

여성들은 조직에서의 서열과 불확실성에 대한 관리가 위기에 강한 남성들에 비해서 낯설 수 있다. 그러다 보니 조직이 위기에 처하면 상대적으로 부진하거나 우왕좌왕할 수도 있다. 그러나 좌절할 필요는 없다. 후천적으로 훈련되지 않았을 뿐이다. 최명화 대표는 서열이 중요하고 위기관리가 중요한 조직의 성향이 여성들과 맞지 않을 수도 있다고 진단했다. 맞지 않으니 자꾸 위기를 느끼고 위기감은 두려움이 된다. 두려움은 눈앞에 보이는 것을 지키려고 하고, 그것을 지키려다 보니 위기가 닥쳤을 때 멀리 보고 과감한 결정을 내리기 어렵다. 따라서 멀리 내다보는 시각을 기르고 과감한 결정을 내릴 수 있는 노련함을 만드는 훈련 과정이 필요하다.

완벽한 것도 좋다. 하지만 현실에서 나만의 완벽함을 추구하기보다는 거칠더라도 현실적인 방안을 찾아가는 방법에 대한 고민이 필요하다. 업무에 대한 공부보다 사람에 대한 공부가 더 필요하다. 그러면 아랫사람들을 관리할 때도 좀 더 너그러운 마음으로 대할 수 있을 것이다.

경제가 어렵지 않은 때가 언제 있었을까 만은 상황이 어렵고 많은 기업들이 포기하고 나갈 때 그 시기에 어떤 기업들은 더 크게 성장하기도 한다. 호황일 때는 경쟁자들이 우후죽순으로 생기고 그 경쟁자들과 경쟁해야 하기 때문에 어려울 수 있다. 그러나 오히려 어려운 시기에는 경쟁자들이 포기하는 경우가 많고 시장의 지배력을 더욱 늘릴 수 있는 것처럼 회사에서도 회사가 어려울 때는 경쟁자들이 스스로 포기하고 걸어 나가게 된다. 상대방의 선택에 따라 내가 선택하지 말고 꾸준하게 자신의 자리를 지키면서 자신을 가꾸어나가면 된다. '회사에 위기가 찾아온다면 나는 무엇을 할 수 있을 것인가?'처럼 무엇을 할 수 있을지를 더욱 고민해보자. 영화 〈명량〉 속 이순신 장군의 대사처럼 '두려움이 용기로' 바뀔 수 있는 순간 싸움에서 이길 수 있을 것이다.

굿 와이프의
화법

무례한 이들에게 노련하게 화를 낼 줄 아는 사람, 그게 어른이다. 그러나 우리는 화를 내지 말라고 배워 왔다. 그러나 화를 내지 않으면 안 되는 순간, 싸가지 없는 세상에게 세련되게 화 낼 줄 알아야 한다.

대한민국 아내들의 열렬한 지지를 받았던 드라마가 있었다. 바로 미드를 재해석한 〈굿 와이프〉다. 전도연의 호연으로 많은 사람들의 사랑을 받았다. 극 중에 등장하는 남자들은 모두 싸가지가 없었다. 전도연이 연기한 김혜경은 빛나는 여성이었으나 사법시험을 통과하고 연수원 교육을 받을 당시에 만난 검사와 결혼해서 십 년을 넘게 가정주부로 살게 되었다. 그러다 그 남편이 부정과 불륜으로 얼룩진 검사라는 것이 온 천하에 공개가 된 후 살아남기 위해서 법조계로 다시 돌아와 생계형 변호사가 된다. 그러나 십 여 년 만에 돌아와 보니 참 어이가 없다. 어쩜 그렇게 다들 무례하고 그녀를 무시하는 것인지. 팀의 막내 변호사까지도 김혜경을 경쟁자로 여기고 무시하며 무례하게 대한다.

로펌에서 신입으로 일하게 된 이준호 변호사가

"전업주부 하셨다가 복귀하시는 거라면서요. 아, 엄청 젊어 보이세요."

말을 건넨다. 나이는 많지만 나와 경쟁하는 수준일 뿐이라는 것이다. 어려보인다고 말했지만 그것을 칭찬으로 받아들일 수 있을지는 의문이다. 이때 김혜경의 대답은

"실제로도 젊어요."

이다. 그냥 한마디 해준다. 즉 '까불지 말라'는 뜻이다. 아직도 직업 현장에는 무례한 사람들이 넘쳐난다. 예의는 다 놓고 출근하시는지 걸핏하면 말이 짧아지고 막춤을 추듯 막말을 한다. 그런데 매 순간 벌컥 화를 낼 수가 없다. 그렇다고 그냥 지나치자니 앞으로 벌어질 일이 너무 뻔하다. 이럴 때는 짧고 간결한 어투로 자신의 의사를 반드시 표시하고 넘어가야 한다. 우리는 착해야 한다는 생각에 사로잡혀 양보하고 친절하게 대답해야 한다는 강박관념을 가지고 있다. 주변 사람들을 불편하게 하면서까지 행동하고

싶지 않은 마음이 있기 때문이다. 그러나 주변 사람들을 계속 불편하게 하지 않으려면 의사를 분명하게 밝혀야 한다.

이인선 교수가 1급 공무원이라는 경제부지사가 되었을 때 처음에는 자신의 능력을 발휘하기 위해서 최선을 다했다. 남성 중심 문화의 조직에서는 이미 여성에 대한 무시와 실력에 대한 무시가 있기 때문에 남성 스스로 인정할 수 있는 무엇인가를 보여줘야 한다는 생각에 끊임없이 노력하고 그걸 쟁취하기 위해서 온 힘을 다했다. 먼저 베풀어야 낯선 조직에서 자신을 부드럽게 안착시킬 수 있다. 자신의 월급은 업무와 후배들을 위해 쓰고 정부에서 과제를 받아와 해낼 수 있는 아이디어까지도 아랫사람들에게 먼저 준다. 상대가 성과를 내도록 내가 도와주겠다는 뜻이다. 각 부서에서 필요로 하는 것도 빨리 눈치를 채고 도움을 주어야 했다. 이럴 때 정말 정보력이 빛을 발한다. 정부 지원으로 이루어지는 계획이 무엇이 있는지 먼저 정보를 입수하고 선제적으로 대응하는 모습을 보여주면 그들이 인정하게 된다. 뭘 제대로 할까 싶은 의구심을 갖고 있는 사람들에게 '이 정도'라는 것을 느끼게 해준다.

새롭게 들어간 조직 내에서 나를 견제하는 이들에게도 순순히 내주기만 해서는 안 된다. 주더라도 할 말을 하고 내줘야 한다. 내가 손해만 볼 수는 없다. 치사하고 짜증나니까 말도 섞고 싶지 않겠지만 말을 섞어야 하고 경고를 해야 한다. 게임은 늘 같은 출발선에서 시작하지 않는다. 경쟁자는 '찌질하고 사소한 신경전'을 걸어온다. 그럼 대세에 지장이 없는 것으로 계속 신경전을 벌이게 되고 나중에는 큰 물줄기가 되어 돌아온다. 이럴 때는 '작지만 조용한 움직임'으로 대응해주면 된다.

우리 팀은 다섯 명이고 나의 라이벌은 여섯 명의 팀원이 있는데, 자꾸 한 사람을 더 달라고 한다. 많음에도 불구하고 기어코 그 한 명을 데리고 가려는 심산이 뻔하다. 이런 말이 안 되는 요구가 수용이 되는 경우가 있다. 기가 막히고 코가 막히지만 어떻게 해야 좋을지는 모르겠고 화만 난다. 조직의 지시로 떨어진 일을 거부할 수 없지만 왜 이 상황에서 내가 져줘야 하는지 납득이 안 된다. 이런 경우 실수할 수 있다. 최선을 다해 이를 악물고 여기까지 기어 올라온 나는 이런 일로 밀릴 수 없다. 어떻게든 우리 팀이 절대 손해 보지 않게 하려고만 하면 마찰 생긴다. 그 과정을 잘 모르는 대부분의 사람들은 나를 마찰이나 분쟁을 일으킨 사람으로 본다. 원인을 제공한 사람은 사라지고 나만 트러블 메이커 혹은 자신의 것을 놓지 않으려는 소인배처럼 비쳐진다.

이인선 전 경북 경제부지사는 이럴 때 주되 그냥 주지 말라고 조언한다. 조직의 명분상 한 번은 양보를 해야 한다면 결정을 내린 상부에 반드시 어필을 해야 한다는 것. 내가 보기에 사람을 데리고 가려는 이유를 우회적이기는 하지만 언질을 한다. 상부에 "제가 이런 일을 하려고 하는데 저쪽에서는 사람이 필요하다고 말합니다. 저쪽 팀에서 인원이 필요할까요?"라고 먼저 물어본다. 주라고 하면 상부의 지시이고 주지 말라고 하면 안 주고 끝을 낼 수 있다. 어떤 결정을 내릴 때 상부의 의견을 먼저 조율해서 나쁠 것은 없다. 그리고 상대방이 인원을 데리고 갔을 때는 그만큼 성과를 내는지 지켜봐 달라는 이야기를 잊지 말고 전해야 한다. "이렇게 지시를 따르려고 하니까 팀원들이 무척이나 힘들어하네요. 그렇지만 회사를 위해서 그리고 조직을 위해서 이렇게 희생하겠습니다"라는 의사를 반드시 전달한다. 그리고 마지막으로 남겨진 일이 팀 내의 여론을 조정하는 일인데 "조직이 원하니까 우리가 몇 달만 지켜보자. 지켜보고 우리는 인원수가 적기는 하지만 열심히 한번 해보자"처럼 내부를 다스리면서 그 결과를 끝까지 지켜보게 만드는 일을 해야 하는 것이다. 조직에서 저 사람은 만만치 않은 사람이라는 걸 알게 해야 한다.

슬럼프를
극복하라

인라인스케이트를 탈 때 중요한 점은 넘어졌을 때 일어서는 것이다. 많이 다치지 않고 넘어지는 것도 중요하지만 잘 일어서는 것도 무엇보다 중요하다. 잘 넘어지고 아무렇지 않게 툭툭 털고 일어설 수 있는 사람은 한 번도 안 넘어지고 끝까지 가려고 안간힘을 쓰는 사람보다 더 많이 배울 수 있다. 지금 정상에 서 있는 그녀들은 자신만의 치유 방법들을 가지고 있었다.

약점이 드러나도 꾸역꾸역 가라

이인선 교수는 자신의 약점을 인정해버리라고 한다. 그녀에게는 지방대 출신이라고 하는 꼬리표가 늘 따라다녔다. 그녀는 영남대학교 식품영양학과를 졸업했다. 지방대를 졸업한 것이 잘못된 건 아니지만 각종 인선 때 그녀의 학력은 불리하게 작용했다. 본인이 그것을 감추려고 하면 약점이 되지만, 과감하게 공개하면 약점이 되지 않는다. 아예 처음부터 모든 것을 공개하는 편이 좋은 전략이 될 수 있다. 자신의 힘으로 꾸역꾸역 갈 때에만 근육이 붙는다. 아무리 부드럽게 흘러간다 해도 자신의 추진력이 없이 갈 때는 어려움이 닥쳤을 때 견뎌낼 수 있는 근육이 생기지 않는 법이다. 아름다운 발레리나가 단지 물 흐르듯이 흘러가는 연기를 해내려고 할 때 얼마나 많은 근육을 단단하게 만들었는지 알고 있는가? 혼자서 무엇인가를 허둥대면서 해낼 때 허망하고 답답하고 주저앉고 싶은 그 순간이 내 인생의 근육이 만들어지는 시기이다. 때로는 이해할 수 없는 상황들도 많이 벌어진다. 이때 본인이 믿고 있는 신앙이 있다면 이 불공평한 세상을 이해하는 데 지름길이 되어 줄 수도 있다.

누군가와 상의하라

송명순 예비역 준장에게도 위기의 순간은 있었다. 본인이 힘든 것은 얼마든지 잘 견딜 수 있지만 가족의 문제가 눈앞에 벌어지면 당황한다. 페이스북의 COO인 셰릴 샌드버그도 아이의 문제를 질문할 때는 눈물을 보이면서 다음에 이야기하자고 했다니 말

다했다. 송명순 예비역 준장에게 그 어려움이 동시에 찾아왔다. 중령 고참 시절의 일이었다. 대령으로 진급하기 직전에 고비가 찾아왔다. 집안에 어른 두 분이 다 편찮으셔서 시한부 선고를 받으신 상태였다. 그때 고민은 깊었지만 전역을 결심했다. 당시 마음으로 그랬단다.

"여기까지가 내가 올 수 있는 길이었나 보다 싶었고, 이제는 나도 편하게 쉬면서 부모님께 그동안에 못했던 효도도 좀 하고 어린 아이들도 돌봐야겠다고 생각했어요. 결혼이 늦어 아이들도 늦은 편이었거든요. 좀 쉬라는 뜻인가 보다 하고 전역증서를 냈는데 모시던 상사분이 저보고 그 말씀하시더라고요. '너 참 못된 사람이다. 네 자신의 만족을 위해서 여기까지 걸어왔으면 지금부터 후배를 생각해야지. 너 하나만 바라보고 지금 뒤에 줄 서 있는 애들이 얼마나 많은데 그 후배들은 어디로 가나? 그 후배들한테 이리 가는 게 맞는 길이라고 가르쳐줄 수 있는 사람이 몇 명 안 되지 않냐?' 하고 설득하셨어요. '그 선배를 따라가면 분명히 나한테도 희망이 있다는 걸 보여줄 사람이 넌데 네가 여기서 포기한다는 것은 참 무책임한 거다' 하면서 돈이 필요하면 돈을 대주고 시간이 필요하다면 시간을 줄 테니 몇 달만 참아보라고 하셨어요."

그 일이 있은 지 두 달 만에 아버지가 돌아가셨고 어머니는 그 다음에 돌아가셨다고 한다. 그러나 그 상사는 송명순 예비역 준장이 병원을 갈 때마다 배려해주었다고 한다. 그러면서 책임 있는 사람이 되라고 늘 조언해주었다고 한다. 만약 그 당시 송명순 대령이 전역을 했더라면 장군은 없었을 것이다. 그 상사는 송명순 예비역 준장의 평생 멘토였다. 아이를 키우다 보면 육아의 위기가 온다. 그런데 그럴 때 선배들과 이야기하지 않고는 견뎌낼 재간이 없다. 고슴도치처럼 온몸에 힘을 주고 혼자 해내려고 하지 말아라.

송명순 예비역 준장의 경우는 아주 다행스런 경우일 수 있다. 자신이 어려울 때 그 아픔을 들어주고 이해해주고 심지어는 실질적인 도움을 주기까지 했으니 말이다. 그러나 몸 안에 스트레스의 독소가 쌓여서 파랗게 질린 다음에는 해결하려고 해도 온몸에 마비가 온다. 그러기 전에 자신의 어려움을 이야기할 멘토 한 사람은 있어야 한다.

혼자서 뭐든 끙끙 앓는 타입인 나는 힘든 것이 아주 곪아 터지기 전에는 말을 잘하지 않는 편이었다. 이야기를 해봐야 해결도 안 되고 나의 단점들만 노출하는 것이 아닐까 하는 생각들을 해왔기 때문이다. 직장생활을 하면서 생각이 많이 바뀌었다. 이야기를 털어놓는 것만으로도 내 안에서 끓고 있는 감정들이 좀 정리되는 효과가 있다. 그리고 그 감정이 끓어 넘치지 않도록 선배들의 냉정한 평가로 찬물을 끼얹는 것만으로도 얼마든지 잘 해결할 수 있다. 나는 끙끙대고 있지만 선배들은 이미 지난 일이라 아주 수월하게 방법을 찾을 수도 있다. 병은 무조건 알리라고 했다. 마음의 병도 사람들에게 알리고 민간요법이라도 처방을 받아야 한다.

무엇인가 한 가지에 몰입하라

최명화 대표는 자신의 강점을 개발하기 위한 방법으로 '이겨보기'를 추천했다. 우선 자신이 몰입할 수 있는 무언가를 찾고 거기에서 성공하는 경험들을 추천했다. 자신이 몰입할 수 있는 무언가를 찾아야 한다. 그것이 '사전 찾기, 샤프 모으기, 일기 쓰기' 등 아주 사소하고 일상적인 일들이어도 상관이 없다. 내가 몰입할 수 있는 무엇인가라면 어렵고 힘들어도 잘 이겨낼 수 있다. 거기서 '나만의 자뻑 스토리'를 만들어 보라고 추천했다. 내가 몰입하는 무엇인가를 통해서 별일은 아니지만 기쁨을 얻고, 그 기쁨을 하나씩 쌓아가다 보면 자신을 사랑하고 존중하는 마음이 자라나고, 어느새 그 분야의 전문가가 되어 있을 것이다. 이 한 번의 성공은 당신을 성공하는 버릇이 있는 사람으로 인도해준다. 아주 큰 것을, 이룰 수 없는 일을 생각만 한다면 아무것도 하지 않음을 의미한다. 내가 정확하게 모르는 것, 내게 체화되지 않은 어떤 것으로는 결코 이길 수 없다. 몰입을 통해 작은 성공을 체화시키자.

열심히 하는 사람들을 만나보라

방송을 하는 동안 나는 매일 좌절했다. 나의 부족한 점을 눈으로 볼 때마다 어떻게 할 줄 몰라서 그 자리에 털썩 주저앉은 날들이 참 많았다. 어떤 날은 내 목소리가 비호감이어서, 어떤 날은 내 표정이 마음에 안 들어서 한참을 속상해했다. 시청자한테서 방송을 뭐 그 따위로 진행하느냐고 항의 전화를 받은 날에는 18년 넘게 한 일이 원망스러워서 혼자 문을 잠가 놓고 운 날도 부지기수였다. 그런데 그것보다 더 무서운 일은 아무런 변화 없이 그냥 흘러가는 시기였다. 아무 일도 없이 아무런 어려움 없이 일이 진행되고 있을 때는 정말 덜컥 걱정이 된다. 이러다가 나는 도태되는 것이 아닐까? 싶어서 말이다.

그럴 때 나는 뮤지컬이나 연극을 보러 갔다. 무대에서 열정적으로 노래하고 춤추는 그들을 보면 가슴이 콩닥콩닥 뛰었다. 그들은 그 한 편을 올리기 위해서 저 한마디 대사를 얼마나 연습하고 저 한 곡의 노래를 도대체 몇 번이나 반복해서 불렀을까? 생각해봤다. 그럼 아무런 노력도 하지 않고 무임승차하려는 내 모습이 부끄러웠다.

내가 참 좋아하는 뮤지컬 배우는 조승우씨다. 〈지킬 앤 하이드〉 첫 공연을 보러 갔을 때 나의 느낌은 '저렇게 노래를 잘하는 배우' 였나 정도였다. 그리고 그 공연이 마음에 들어 조승우씨가 공연할 때마다 공연장을 찾곤 했다. 정말 놀라운 것은 공연이 바뀔 때마다 그는 자신의 목소리에 변화를 주고 있었다. 좀 더 잘하는 것이 아니라 스타일에 변화를 주었다. 한 인터뷰를 보니 학창시절 이불을 뒤집어쓰고 하루에 8시간씩 연습했던 지독한 연습벌레라고 했다. '아, 그럴만하다.'는 생각이 들었다.

일에서 매너리즘에 빠져 있을 때 정말 열심히 일하는 사람들을 만나보라. 그 일에서 최고봉에 서고 싶다면 어떤 일이든 토할 때까지 그 일을 반복했는가를 나는 묻게 된다. 현대자동차 상무였던 최명화 대표는 처음 현대자동차에 입사했을 때 언뜻 보기에도 차에 미친 사람들만 있는 집단 같아 보였다는 말을 했다. 그러한 사람들과 있으면 그 열정에 중독이 되고 전염된다. 내가 쓰러지려고 할 때 그런 사람들을 만나보라. 그럼 느려지던 심장이 다시 처음처럼 뛰게 될 것이다.

슬럼프가 왔을 때 그 슬럼프를 제대로 만나보라. 문전박대 당한 슬럼프는 반드시 다시 나를 찾아오게 된다. 끊임없이 찾아올 것이다. 그러나 다음 방문에는 그를 어떻게 대접해야 할지 방법을 알게 될 것이다.

2013년 여배우 안젤리나 졸리는 자신의 유전자에 돌연변이가 있다는 사실을 알고 유방절제술을 받았다. 아직 암에 걸린 것도 아닌데 돌연변이 유전자가 있으니까 암에 걸릴까봐 미리 절제해버린 것이다. 그러나 그 돌연변이 유전자를 가지고 태어났다고 해서 반드시 유방암에 걸리지 않는다. 유전자가 같은 일란성 쌍둥이도 서로 다른 인생을 살듯이 말이다.

영국 런던 임페리얼칼리지 교수인 네사 케리는 "유전자는 판박이를 찍어내는 '주형'이 아니라 연극의 '대본'같은 것"이라고 말했다. 같은 대본이라도 연기와 연출에 따라 전혀 다른 작품이 나오듯 동일한 유전자라도 어떻게 살고 있는가에 따라 '유전자의 스위치'가 켜지기도 꺼지기도 한다고 한다. 혹시 내가 부모님으로부터 나쁜 조건을 받았다고 하더라도 어떻게 사느냐에 따라 스위치를 끌 수 있다. 한편 주어진 삶을 어떻게 살아내느냐에 따라 내 아이들에게까지 우리의 경험이 고스란히 전해질 수 있는데 그 부정적인 유전자를 깨우는 요인 중 하나는 '스트레스'라고 한다.

내가 사회에 나와서 가장 많이 들었던 단어는 '넌 안 돼'였다.

'넌 키가 작아서 안 돼.'

'넌 지방대 출신이라 안 돼.'

'넌 나이가 많아서 안 돼.'

'넌 가진 게 없어서 안 돼.'

나도 잊고 있었던 '조건'들의 스위치를 다른 사람들이 켜주었다.

20대에 나는 좌절했다. 그들의 말에 눈물을 뚝뚝 흘리면서 '그래, 니 말이 맞어'라고 고개를 끄덕였다. 30대에 나는 원망했다. '왜 그렇게 밖에 살 수 없었냐'며 나를 질책했다. 40대에 나는 그들에게 '웃기지 말라'며 말해주고 싶다. 적어도 지금까지 '그런 이유'들로 실패하지 않았다. 앞으로 나는 '나만의 방식'을 찾을 것이다. 물론 나는 여성들에게 좋은 '롤모델'은 아닐 것이다. 대단히 유명한 사람도 그렇다고 경제적으로 부를 이루지도 않았으니. 집안의 맏이들이 그렇듯이 그저 '봉변'을 먼저 당한 언니에 불과하다. 먼저 당했으니 이유도 피할 길도 먼저 깨달았을 뿐이다.

나는 아름다운 할리우드의 여배우처럼 일어나지 않은 일에 대한 염려로 미리 자신을 잘라내지 말라고 말해주고 싶다. 알고 보면 당신은 꽤 괜찮은 사람이다. 지레 겁먹고 뒷걸음치거나 경기장 밖으로 도망가지 않는다면 얼마든지 꽃 필 수 있는 사람이다.

파도치는 날 바람 부는 날이

어디 한 두 번이랴